文獻西樵
西樵歷史文化文獻叢書

霍勉齋集（二）

（明）霍與瑕　撰

广西师范大学出版社
GUANGXI NORMAL UNIVERSITY PRESS
·桂林·

霍勉齋集卷之十一

南海霍與瑕著

十三世孫　有光　重梓

世光

十二世孫進芳校字

序

送郭海門序　庚戌

東田子謂勉褱子曰吾黨海門郭子奉　皇命以爲使於屏服順道以南歸在都人士咸爲詩送之詩有小叙古之遺也敢屬吾子勉褱子曰甚矣瑕之陋於辭也諸君子奚是之見委焉瑕聞之交情莫貴於厚道志莫善於詩旅處

莫難於別遊子莫樂於歸士莫榮於將　皇之命也海門子爲　天子使下詢侯甸乘肥策駟錦茵玉食以交賓客之禮於藩邦不亦榮乎關山脩遠乘傳于征梓里萱庭可計日覿也不亦樂乎海門子與諸君子聚首京華翺翔太學爲日久矣一旦離羣而索居目斷郵亭之望神傷楚水之歌其爲別也不亦難乎諸君子之賦別也或爲古風或爲近體或爲五七言歌行之屬凡以道思紀輿而榮郭子之行也其爲辭也不亦善乎其爲情也不亦厚乎夫行之榮也歸之樂也別之難也辭之善也情之厚也是五者由人心生也心作爲意意達爲聲聲長爲詠詠恊爲詩詩積

爲什先王由是觀風焉古之道也諸君子之贈海門子之別也亦猶行古之道也東田子曰然然則吾子可獨無辭乎於是勉裒子揚袂而爲之歌歌曰輿有旌馬有鈴君子于邁皇度維貞輿有輻馬有絡君子于邁式勤且恪昔我之來與子聯舟今子歸矣胡使我獨留北風颼颼山川悠悠送子遠行我心則憂

橋門別意卷後序 庚戌

贈別古有諸曰有之富者以財仁者以言自上代以來莫之或廢矣贈別以詩歌古有諸曰有之燕燕之賦其忠凄其詞戚渭陽之賦其思遠其詞悠是雖感觸異情欣憂殊

調道思識別其歸一也乃若勞遠役於皇華詠逶遲於四牡穆徽風於碩誦慰永懷於好音茲則吉士禎周葩章麗國渢渢乎王朝之雅不可尙矣吾廣鶴溪李君自德慶來京師卒業太學驅車南返邦之人士爲詩贈之積成卷帙聲律各異體製不同然以寫離索之幽悃發慷慨之素抱則未始有二致焉嗟夫此其古道之遺歟或曰詩三百篇自夫子刪正而後微聲雅韻寂然無聞葢世降爾卑格調滋下殆氣運使然也余竊惑焉詩之用也以通天地以貺神明以秩彝倫以察理亂是故哲王謹之君子學焉聲以平淡爲高辭以中倫爲上苟徒格調之殉則亦淺乎云爾

朋友人之大倫也敦信履厚則世道昌藏心不測則飄風起故伐木詠而周禮興棄于奏而王綱解歡愛怨怒感發甚微風化盛衰於此焉繫豈徒格調之云乎鶴溪君稟醇篤之至性負爽俊之逸才與人交露徹肺腑信厚著於鄉里游太學人咸愛而親之故橋門之別之贈也惜之歸厚之流也冣之行信之答也若是而方諸伐木之歌友生和平之什亦何卑之有余故曰此其古道之遺歟

甘泉湛師八十九賀序 甲寅

惟玆三十有三年十月十又三日是爲吾師甘泉先生八十九歲初生之度我在門人士咸升堂而稱觴焉於是與

瑕揚袂起舞申之以龍德之歌以爲先生壽於戲先生壽
矣或曰吾觀於先生額濶而方頤豐耳長瞻視熒煌笑語
敦詳衛武之年步履康强眞壽相哉與瑕子曰信有之然
吾聞人之壽也以氣壽未聞以形壽或曰吾觀於先生恭
默寡言瞬養息存容舒色澤睟然盎然二五太和以充以
完殆氣壽者哉與瑕子曰信有之然吾聞至人之壽也以
神壽氣壽其凡也或曰吾觀於先生動而常靜明而用晦
性怡情閑棲遲物外飄飄然若蓬島之仙遨遊乎三清之
界殆神壽者哉與瑕子曰信有之然吾聞太上之壽也以
道壽神壽其凡也或曰先生早受學於江門志篤思深渾

渾沉沉一十三年歲月侵尋釣臺光霽以弄以吟先生之道有本矣有本宜壽與瑕子曰美哉乎然未知先生之大或曰先生學優登庸德施彌彰出使南交島夷來襄作人成均柱石巖廊柄政留都有赫其光天德王道對時敷揚膏此下民風及四方先生之道厚矣厚於道宜壽與瑕子曰美哉乎然未知先生之大或曰先生於夫子之道步趨羹墻祖述憲章整齊六籍有紀有綱放淫距謬非老折楊開我後人亦孔之章於萬斯年與日同光先生之道高矣道高宜壽與瑕子曰美哉大矣然未知先生之由大或曰然則先生之道何如與瑕子曰未易言也曷觀之孔孟乎

曷觀之堯舜乎曷觀之天地乎夫道至於天極矣天生人人生心心生性性生道元者善之長也亨者嘉之會也利者義之和也貞者事之幹也君子體仁足以長人嘉會足以合禮利物足以和義貞固足以幹事君子行此四德者故曰乾元亨利貞其在典謨爲天叙爲天秩爲惟精惟一其在尼叟爲繼善爲成性爲無言無隱其在軻書爲知天爲事天爲勿忘勿助合天人徹上下一內外兼大小歷萬世而不敝者道之至也惟先生從事於勿忘勿助之間以致力於惟精惟一之學以上遡乎無言無隱之教渾然者其大德也窮神者也燦然者其小德也知化者也窮神者

善繼志者也合四德之全者也知化者善述事者也體四德之精者也傳於江門傳此者也施於天下施此者也垂教於萬世垂此者也無內無外無小無大無上無下無古無今一以貫之是先生之道也是故先生之言曰性者天地萬物一體者也渾然宇宙其氣同也合天人之教也又曰宇宙與我通一無二宇宙之化即我之化徹上下之教也又曰存中應外制外養中中外判焉分崩離析一內外之教也又曰曷爲合一在執事敬德行道藝超凡入聖兼小大之教也是先生之教也通乎孔孟通乎堯舜通乎天地與天地同大大之至也與天地同久久之至也故曰先

生以道壽夫得道斯得神得神斯得氣得氣斯得形矣或人茫然者久之曰乃今知先生之所以壽

秋風惜别叙送葉霞江歸東莞

予觀李唐百家之詩送别之詞何其多且都也渭城朝雨其思清以婉桃花潭水其意悠以深一封書寄其義重以周天入滄浪其詞凄以壯至於斷城南之腸回薊北之首折灞陵之柳傷楚水之春凡皆怨離惜别情之不能已也嗟夫斯其古之遺厚乎蓋余讀國風而知古今人情之大致也送舅氏者賦渭陽别淑慎者歌飛燕其發乎情止乎禮義者視后世豈甚相遠哉或者迺謂刪后無詩吾殆不

深信也今歲己未之春嶺南東莞葉君霞江偕黃君静軒至止京師自春徂夏聯床接席情意膠漆如也暑退天清秋風漸起葉君幡然有南歸之思莫能留也於是黃君烹鳧載酒會同鄉之彥送之河之干别思不禁黃君爲之歌連月于爲之歌流鶯黃君再歌燕臺于爲之嗣歌微露又爲之歌滄海年兄鶴臺劉君爲之歌芳塵小谷岑君爲之歌粤秀燕石黃君爲之歌東郊凡皆怨離惜别情之不能已也詩成卷帙静軒謂于宜叙述作者之意且以廣求大方家之製作以贈葉君之歸云于乃叙之曰凡音之起由人心生也古之遺厚也

送城南陳年兄任南海序　己未七月十日

凡今蒞官之難莫難於縣之令上自督撫巡按布政按察太守大吏數十咸臨監之十收九羊牽頭曳尾辛酸鹹苦倫嘗少有滑耳此承事之難百姓戶婚田土夏稅秋粮丁料徭差催科稱納毫釐不得其平則䀠讒並興此處分之難積年之吏胥老于其局之書手終日伺候其左右案牘雜遝牌票消沉參錯左半目卽落其穽皂隸倚比爲奸張牙舞爪吮噬齊民此明察糾緝之難乃若省城之邑百司之所都也衆奸之所會也爲令者每晨奔走大吏之門勤力困瘁自終朝至于日昃僅足以治其駿奔登降唯諾之

跡節計治事之最日不能以數刻若是而望其治之進職之脩則又其難甚難甚者也或曰然則附郭之邑其終不可爲理歟曰書有之思其難以圖其易民乃寧難者事也易之者人也惟我年兄城南陳君以清才厚養光顯于明廷觀政于西曹受知于天官兹簡爲廣州之南海尹我秋官君子同年弟兄惜其別而慶其行也僉謀曰別之有言行之有贈古之道也我二三子將何以贈陳君或曰余觀陳君簡靜溫默人也凡承事上官貴給簡違給處分繁劇貴倰靜違倰明察貴辨溫違辨糾緝貴決默遺決陳君其難哉與瑕子曰嗟夫信有是是陳君之所以易也簡以

立隅隅以立敬敬以立儀儀以立度以此承事何尊而不格靜以生定定以生虛虛以生明明以生照以此處分何繁而不剸溫以起和和以起易易以起親親以起愛以此明察何情而不達黙以定信信以定義義以定威威以定軌以此糾緝何奸而不雍是故御天下之繁莫如簡制天下之動莫如靜彰天下之理莫如溫肅天下之譟莫如黙陳君善此四者是陳君之所以易也諸君子曰旨哉是可以贈陳君與瑕子曰余始見陳君陳君咨余以南海之政余未及對而反問志焉陳君曰何謂也瑕曰將爲爾綵將爲保障將爲政刑將爲德禮有其志者成其事者也陳君

曰嗟夫士幼而學壯而行固將有以福澤生民也余時竊覘陳君有慨然勃然之色殆勇於仁者也夫有仁有勇以統四善進於治教之純可也雖毋日治事數刻裕如矣何難於南海諸君子曰旨哉是可以終贈陳君

贈方次周出知寧州序　己未七月望日

己未季夏次周方君受　天子寵命出知寧州過與瑕子而問別焉曰何以贈我與瑕子曰余與君棲遲於江湖雲水之間念斯年矣君年長我科第先我學識歷練優我我將求益之不暇何以贈君瑕觀君之居鄉黨也閉門潛脩惟古篇籍是樂棊奕博局之戲一無所好飭身勵行未嘗

躡趾於公門西樵叔也爲冢宰爲首相初無所恃淡如也詩曰終温且惠淑慎其身斯之謂矣願公廣斯之德以惠我民次周子曰唯請猶有以進焉曰瑕昔聞公之教皂卒倚張官威五罰可以斃民命我之長民必糾懲之詩曰豈弟君子民之攸塈斯之謂矣願公履斯之德以惠我民次周子曰唯請猶有以進焉曰瑕昔聞公之教獄中死罪重囚通同獄卒厲爲民害民以輕罪入獄受其毒痛不可殫言我之長民必震緝之犴置鐘鼓以達民幽凡可以稍寬者不禁也詩曰雖則如燬父母孔邇斯之謂矣願公庸斯之德以惠我民次周子曰唯請猶有以進焉曰瑕昔聞公

之教民有三十年之逋有一二十年之逋或世遠人亡或
詔書蠲免而吏書掩蔽剥民脂膏我之長民必明察之詩
曰民亦勞止汔可小休斯之謂矣願公恒斯之德以惠我
民次周子曰唯請猶有以進焉與瑕子曰嗟夫倘矣淑慎
禮之興也糾懲義之軌也震緝勇之門也明察知之府也
善此四者何施而不臧抑瑕聞之諺曰不善操舟歸咎於
水之曲此近理之論也凡今之人曰某邑之俗醇某邑之
俗漓某邑之民詐而巧某邑之民賊而慠瑕毋哂之曰何
水不曲夫吏奉　天子寵命出宰一方威靈大矣百姓屏
息側耳以聽號令其何奸之敢作窮鄉下里不慣見官府

之威儀遠望烏衣而紅帶手持黑索者則羣走入室閉戶而加支柱焉官司不念民之貿愚畏罪若是而且峻用以威詩曰昊天太憮予愼無辜爲民上者平易以近之而已畀其聲恐有以驚之也和其顏恐有以懼之也是在性情之間也視民如傷程伯子益有成規次周子喟然曰如傷之視君子所以切一體也君厚贈我矣敢不夙夜

賀岑蒲谷六十壽叙　八月一日燈下代座主作

已未中秋之朔嶺南岑子偕劉子羅子黃子霍子造西野先生之門先生與之坐焉岑子跪而言曰用賔受先生之教有日矣願竊有請惟今年十有二月實家君六十初生

之度用賓就選南歸將稱觴焉敢辱先生之文以榮歸壽
先生曰蒲翁昔蒞吾邦吾得觀其政讀其文詠其詩若歌
是能知翁之梗槩微子之請吾且有辭雖然其詳願悉聞
也二三子翁之鄉后進盍爲我言之於是黃子儀起曰翁
於書無所不讀晚尤好觀內典凡籛耳喬松以來靈寶廣
覽經伸吐納調攝之術靡不究竟必親身之以是而言其
清靜寡欲者乎先生曰然願聞其再於是劉子介齡起曰
翁平生容貌若不勝衣動止逡巡若不便於步履其待后
生小子如逹官貴客無有惰慢所至咨諏謀度靡賤不及
以是而言其虛已下人者乎先生曰然願聞其再於是羅

子黄裳起曰翁自游庠序授地曹轉春官藩臬五省以至于今六十多年未嘗一日不鷄鳴起也毋日之事必于當日決之故吏胥不得以留難取賄而鏡刓斧磨裁燭明允故上官不得以間隙平反曾在告月餘案牘積至數篋比出莅事半日發遣殆盡以是而言其精明果斷者乎先生曰然願聞其再於是與瑕霍子起曰自翁正雲南黔國之禮也而二司侍坐之席定自翁執不再拜曾侍御也而卑尊叅謁之體存自翁不拜時相之祖墓也而末俗諂諛之趨止自翁陳人子以孝道也而靖江子毋之恩全自翁教諸兒以國靡家公靡私以嗣保忠貞也而祗服始終之義

厚以是而言其直而正者乎剛而大者乎承念匪躬者乎先生喟然曰二三子之言止矣是足以爲蒲翁壽矣吾聞之夫子曰仁者樂山又曰仁者壽蒲翁其仁矣乎是故虛已仁之本也下人仁之地也精明仁之章也果斷仁之施也正直仁之軌也剛大仁之宏也承念匪躬仁之純也備斯衆美以成其身蒲翁之壽未可量也且仁者之樂山也非徒樂之而已也彼亦有所似之也其似之也非徒曰厚重不遷而已也其取類大者也吾稽之易山下出泉斯之謂蒙靜淸者如是山下有澤斯之謂損寡欲者如是山上有澤斯之謂咸虛已者如是地中有山斯之謂謙下人者

如是山下有火斯之謂賁精明者如是山下有雷斯之謂頤果斷者如是山上有木斯之謂漸正直者如是天在山中斯之謂大畜剛大者如是山上有水斯之謂蹇承念匪躬者如是是山之爲物也萃衆美者也仁之爲道也備衆善者也蒲翁之於山也其亦有所似之也詩曰如南山之壽翁之謂也又曰南山有栲北山有杻樂只君子遐不黃耇樂只君子保艾爾后黃耇之壽翁之樂也而乃子之繩芳嗣武奕世滋隆則又翁保艾之休將勿替而愈引也

壽史玉陽尙寶七十一 代弼唐翁作 乙丑四月

古今得道之士何其少哉自禹皐至於孔子上下將二千

年而孟氏所稱見知僅僅數輩由漢迄宋又千五百年世所尊纘承宗緒者濂洛關閩數家而已是何大成之難也我

皇明紹統開天

聖聖迭起二百年來見知之士號濟濟焉理學名臣錄所載其凡也我甘泉湛師翁承江門之流接伊洛之泒遡洙泗之源百年壽考敷教四方挽天下學士支離潰裂之弊再復渾淪規模宏且遠矣弟子三千風從雲集中間雄材偉器泛駕當今雅志苦心追踪邃古者林立門墻而沉潛博大任重致遠者殆未得而歸焉豈天之所以大成吾人者自有限量而得道之士固難多見於世哉溧陽玉陽史公早游師門親承提命其所以受

齋戒之秘傳勵孤征之夙抱完醇粹之大器會渾淪之全體者洮交晩學固未測其津畔至於發其餘緒而綱紀羣生出其末泒而浸潤庶品則天下之士所共稱焉第進士人尙其文職銓曹人尙其雅攺官宮端人尙其要謝跡溧陽人尙其清此外之遭逢者然也創書院置學田館穀多士廣延方術親賢下人終身不倦立義田以賑乏建義學以訓蒙傾倉廩以捄荒開溝渠以溉旱懸金以興義旅餽粮以平殘倭積功累德旁洽數郡此其施澤於當世者然也履顯達之途而謙謙若布素負開朗之識而恂恂若訥居百萬之富而時或粗衣糲食不一一擇焉榮貴尊重而

與四方貧賤之交聯床累月怡怡如也德施溥博視之若無有也此其所自宅者然也夫以公之宏濟者如此所自宅者又如此遡其自來本源厚矣是可不謂沉潛博大任重致遠者哉今年八月二日實公七十一初生之度我天關同門之士屬言於余共致遐齡之賀申之以期頤之祝以爲斯文慶余在南都最久辱公教愛惟深縱諸君之無請也余將有言矧諸君之有請也余得無言余聞之天之所以永淸地之所以永寧日月之所以永明人物之所以永生凡以道爲之管也公於斯道亦旣揚其波而窮其源矣同流天地瞬息古今其爲壽也有何涯極從玆以后更

十年是爲尙父載副車之時又十年是爲尙父陳丹書之日敬義之所自持者無窮故哲命之所自詒者亦無窮人謂尙父至今猶在余葢不以爲誣也我甘泉翁百歲之后大義將乖徵言將絶所望同志共翼正宗倘天未墜文則所以壽其身以壽斯道者舍我玉陽公其誰歸余固以是爲賀亦以是爲祝也謝東湖君獻策于　天庭舟過金陵敬將　等之言

贈孫小渠同心之言卷

庚戌之歲與瑕子游太學自春及夏日侍大洲趙宗師之側誘掖愚頑鞭策駑劣總訂羣言闡揚奥義爲日雖淺受

教殊深焉是時四方之士景從雲集以贍德教與瑕因得會小渠孫子切磋之益厚矣孫子毎以與瑕爲他山錯石不譎粗礪與瑕之於孫子不啻若芝蘭之化也正業之暇孫子偶出一冊題其首曰同心之言謂與瑕曰諸君子之辱愛某也未嘗不惠教之也子其有以予我與瑕曰吁余何言哉昔者大洲公之明訓於今豈不在耳服膺勿隕在吾徒用心焉耳孫子曰然子當爲我識其大者將奉以周旋比諸弦韋與瑕子曰如命大洲公曰學莫先於立志若志必爲君子不爲小人必爲聖賢不爲凡近則習俗自脫規矩自就於道違不遠矣學者必有夾持有夾持然后學

不若而德不孤志正於內禮式於外凡視聽言動勿墜世俗汚染以爲心害此內外夾持也同方同術相應相求禮義相先講習交益此朋友夾持也若時作非禮事日與匪人親一暴十寒其所存者無幾矣古大學之教何其簡易而切實也天下國家身心皆物也身心本也天下國家末也格物者知天下國家之本皆在吾身故不求諸末而求諸本也故古大學曰此謂知本此謂知之至也知本卽知至也明德新民兩事也又曰止至善者何也葢本明德而發爲新民體用一原物我無間通天下國家身心爲一致是以謂之至善也知至善之說者可以觀仁矣否則巢許

之善其身管晏之理其國何見於道與瑕侍側大洲公曰爾亦有疑乎曰格致之說紛然矣博學審問慎思明辯文公之教也格者正也正物之不正也陽明之旨也格者至也身心至其理甘泉之測也今宗師曰格者度也度天下國家身心而知其本之在身焉即所謂知本也知本即知至也瑕將何從耶大洲公曰身心至其理殆近之然實體之功盡在誠正若以格致爲力行之功則誠正脩齊皆贅文矣吾之所以與文公異者彼索之事物支離之外吾但遵古大學反諸身焉與瑕對曰大則君臣父子小則事物細微身與天下國家本爲一體恐文公之說未爲支離曰

求之外不若求之內也求之事物不若求之身心也學莫貴於易簡易簡而天下之理得矣瑕復以爲疑陽明致良知之說近年信者衆矣提挈本心以示后學吾深取焉與瑕曰曾聞之先子致良知之說非不善然以發明大學誠意之義孟子擴四端達所不忍不爲之義則可若反以古聖經博文約禮惟精惟一致知格物之旨牽附已見則不可大洲公曰嗟夫何其先得我心也或問克已復禮乾道也主敬行恕坤道也何如大洲公曰乾道以剛健明決言坤道以收歛篤實言乾坤一理也所異者形也聖賢一道也所殊者分也與瑕曰曾聞之先子學以聚之問以辯之

寛以居之仁以行之此聖人之學顏子幾之故曰乾道敬以直內義以方外此賢人之學仲弓以之故曰坤道大洲公曰善八月之望虜在北關外邊聲孔棘衆徇怡然大洲公獨慘形於色與瑕進曰處大事以鎮定爲本大洲公曰成化宏治間少有邊儆則人人倡言協議憂國之憂今則恬不經意以爲是殆常事耳生靈塗炭將奈之何是吾之所以慼也十六日虜入關京師門閉大洲帥太學生登城助守既而會議厲聲直言凡陳三事朝論翕然重之退又上疏請寛損軍之律重得敵之賞　天子稱其壯猷委以獎勵三軍之任時仇將軍在南趙將軍在北虜牧其中大

洲但至咸寧營無護兵不敢北出居庸以諭趙軍又太倉發金二萬兩付大洲監功給賞大洲未及施行先來復命天子怒其無效遂繫獄薄杖貶徙嶺表與瑕與光統省之邸舍大洲病據牀言曰君子安其身而后動平日講究若何何臨事之苟苟也自履蹶脫自蹈罪咎復何言之有所惓惓者　皇恩高厚不即賜死不知何日能效報耳遂潸然下淚其忠奮懇惻如此趙太冲與瑕侍側縱言足兵足食之政及於禦戎之策太冲謂宜開溝洫納山泉內滋種植外捍胡馬則京師不足富邊塞之堡不足障河套之醜虜不足驅也大洲謂不若作小車行爲陣止爲營上施木

櫛下施鐵裙火炮衣糧載焉雖橫行沙漠可也八月之儆武庫出甲冑兵仗以授將士有戰車焉制度甚備乃知國初實用此也大洲公謂趙子祖鵬柯子尙遷曰爾兩人者一何學之富也他日殆可以名世矣然余之所深重於兩賢者而豈徒哉學以見道爲貴反諸身心吾道自足存養而擴充之天下之能事畢矣

武成詩卷序

大明丕冒區宇二百餘年嶺表海隅旣安旣治雕題交趾之墟炎風火鼠之域莫不來賓來享猗歟盛矣邇年山戎海寇潛滋竊發大爲民厲於是廟堂勤傾否之謨邊閫振

亭屯之畧上公勵蹇蹇之節庶僚承井井之規而廓清底定之烈茂焉葢自四十二年大司馬自湖吳公督撫兩廣以來蕩滌倭奴剪薙山賊前后收全功報大捷者章數十上而廣之東西晏然矣每一勦賊則我分守郭公必監一面之師或綜三軍之餉或與中軍合謀併力勦其極險巢穴旌麾所指若馳十乘以輾螳臂若决洪河以注蟻封若奮肅風之虎以搏伏雛若熇燎原之焰以爐鷦鷯也每勦賊報捷自湖公上諸臣之功必詳必核而於我郭公尤加推重一則曰切救民之念一則曰抒纓冠之籌一則曰籌畫無遺諸巢之元兇盡得一則曰轉輸不缺三軍之餉用具

克而十分苦心百方協力文而兼武賢而又勞之譽且諄諄焉自湖公之知人善任推賢獎功可謂得無我之大而公之嶶猷偉績所以保我子孫黎民者則固有孚于上下者矣三城文士矢之詩歌以紀盛美詩成命與瑕叙其末瑕乃颺言曰大哉詩之於人也所以敷張茂實歌頌太平以詔今而傳后者也余稽夫子序書終於秦誓脩春秋始於魯隱中間周宣興王之業二經莫之存焉及觀二雅所陳葢彬彬然備矣會同之繹則攻車記其成王國之匡則六月奏其績蠻荆之威則采芑歌其烈玁狁之伐則嚴翼煥其章由是而知宣王勵精於上諸老陳力於下所以再

篤周祜而聲施來世者詩歌爲之也向使徽風之頌不作於當時孔碩之音不宣於大雅則吉甫文武之憲方叔顯允之猷仲山補袞之休召虎對揚之烈后世何觀焉是故聲詩不可已也我公武成之積嬔美太古而三城諸君子之頌之也毋亦有肆好之風乎是所以詔今而傳后者具有在也始公之涖吾廣也畫保伍保長保甲之法上都臺行之不半歲城市鄉落之犬不夜吠盖周官比閭之遺具云余三年間曾一謁公語及時歉民饑公言愈切而額愈蹙其憫民窮之念惻如也舉斯心也仁覆四國可也詩曰維此哲人謂我劬勞又曰樂只君子保艾爾后是集也多

是之謂也

愛日榮恩詩后叙

始瑕舉進士觀政秋曹時則鶴山公爲秋官郎日得接陲武聆音響瑕覩公睟容玉立私竊異日是遠到器也京師同志爲講學會瑕邀領諸老先生教言每至則鶴山公先在坐矣瑕以此知鶴山公之志不可涯也居無何瑕補官東邑后二年瑕罷歸鄉里適鶴山公承　天子命來爲端州太守瑕聞喜曰福星在西方矣我南海金甌大同之鄉多王文習字書曉法律游食端州官門公到十許日各紛紛散歸瑕問之曰新太府治事吾輩無以爲衣食是以歸

耳暇日如何曰太府未嘗逐我未嘗嚴督察我但風清弊絶官門如寺吾安所寄曰體又半年鶴山公過余余爲道其然鶴山咲曰是奚足哉吾方治吾心之不暇暇以此益知鶴山公之志不可涯也公之爲端州也待寮寀以和和而止諸禮于屬官以恩恩而裁諸義造士以文文而準諸誠馭吏胥以嚴嚴而不苛繩皂卒以法法而不徇其事上官也欽欽然言如不出諸口至於理當有所平反則持之不可奪也其聽政也自朝至於日中乃退食食已復出二鼓方休無替寒暑其行於所屬州邑也革差人承牌之弊爲木偶人下舖遞以傳致之其簡靜有如此者其施之坊

城鄉縣也比以什伍聯以保甲建以師長爲之禁古喪以
膏其枯爲之備樂器以導其和爲之崇圩岸以防其瀆爲
之疏渠瀆以洩其淤爲之遏寇賊以除其虐爲之立社學
以育其秀爲之陳軌物以維其趨夫是以二三年間政行
教成風移俗易士民樂業名登于薦書無慮數四聲望赫
赫然矣去年當政成入報之期　天子以嶺海蒼赤艱難
東征西伐時事孔棘留公考績于治所特以保舉者衆榮
封及公之兩親時兩親皆年逾七十矣龎眉而皓首金腰
而霞帔照耀鄉閭可不謂榮壽雙齊人世所少見者哉嗟
夫非鶴山公之效忠　皇朝因忠貽孝何以得此詩有之

永言孝思昭哉嗣服公之謂也我鄉邦君子無論辱公知與不知咸樂道之為詩若歌以交慶之命之曰愛日榮恩之章以封君所居堂名愛日也詩成示瑕且曰子一似知鶴山公者無亦有言瑕曰君子之所為大孝者大自我者也大自我者取自我志者也孔子十五志學至于六十七十其志乃安以成夫是以顯及啓聖千萬年而一日是謂大孝君子之所為愛日者愛在我者也愛在我者愛我日者也愛日之至與時偕行愛日之極配天不息故聖人曰惜陰日一日二日兢兢云瑕觀鶴山公之志未可涯也其顯親也顯在我者也其愛日也愛在我者也端州三年之

政無日以怠夫既有成效矣由是而施之多方被之天下其事愈大則其愛尤有甚者其愛尤甚則其榮又有大者詩有之孝子不匱永錫爾類公之謂也瑕不文請以是爲頌爲禱

鄭西湖公七十二初度賀序

鄉有老成人而風俗歸厚家有賢父兄而子弟多才斯言其可信哉余觀西湖公之潛德懿行而知鄭家之流慶也余與祖韶君表兄弟也而又延爲吾諸子師所以締觀之者甚詳每見祖韶起居有度出入有儀疏戚有情朋友有義進退揖讓𥙿嘉有體心竊重之問諸戚朋則曰此西湖

公之教公於鄉閭遜行無少長皆讓路於宗族聚會言如不出口凡宗親慶賀必躬必先是以諸子化之余曰美哉詩稱温温恭人維德之基斯之謂矣祖韶君燈窗苦學夜必四鼓乃寢以至諸族兄弟盡然近十年間服青衿游泮水者數十輩而閩源公巍然登黄甲矣余以爲此乃子弟漸染所致問諸親朋則曰西湖公之教公於家事無細不躬早夜靡懈靡冬靡夏詩書教子尤惓惓也是以諸子化之余曰美哉詩稱夙興夜寐無忝爾所生斯之謂矣朔望謁祠鄭之子姓皆早集問之則曰西湖公已先至矣春秋祭祀鄭之子姓各執其事濟濟翼翼步武相踵無有敢慢

問之則曰西湖公前一日已洒掃戶庭齋宿於此矣我子弟敢不虔恭余曰美哉詩稱永言孝思昭哉嗣服斯之謂矣玉田匯子昔游學倫教歸語曰倫教非有大不得已事少致訟者余曰何爲其然曰有老者忠信易直鄉之不平咸取決以解是以不干於有司問爲誰曰西湖公也余曰美哉詩稱愷悌君子民之攸塈斯之謂矣余蹝觀古今世人未有敬而不興者也未有勤而不成者也未有孝于祖考而不昌其后者也未有垂式于子孫是正于鄉黨而不鍾其祥者也西湖公集斯衆美諸子弟敬承不違豈非天將大公之門戶余故曰鄭家之流慶未可量也今年十二月

實西湖公七十二之初度玉田諸君祗將賀事余忝眷末衆謂宜尃脩賀詞余曰不文迺與衆合歌詩南山之五章曰樂只君子遐不黃耉樂只君子保艾爾后以是侑公壽觴焉公之壽未可量也

序鄧氏族譜

余投閒歸棲樵山守先人之墳院課僕畜魚耘菽與園夫野老笑談度日雖兄弟親戚少至自以爲當如此無事終身也一日閱故櫃中得先大夫所脩霍氏族譜僅備祖德世泒尚未脫稿怛然驚曰此誰之責我得作無事人耶急取而編緝之山中無書籍若乏善譜爲式踟躕間沙涌盤

三三

谷鄧君忽以鄧氏族譜來過門願有嘉言以垂永式余觀之竟曰今日得良式矣家世有統支派有流久近有閑疏戚有紀潛德有述文獻有稽作者有自來而傳者有可繼眞仁人孝子之善經也我自今不復創立義例模此範此以記我霍之宗以終先文敏之志我其依舊作無事人昔甘泉師翁脩族譜乃曰譜莫如歐陽氏最良遵而用之余觀斯譜與廬陵之歐增江之湛將毋大同乎哉

賀五嶺鄺先生六十一詩叙

友道之衰諛風盛而實意微也友道衰而三綱無羽翼三綱淪而九法斁天下其岌岌哉瑕聞之丁丁之雅作而和

平之治升習習之風陳而板蕩之敗起愛惡情僞其爲感也甚微理亂興衰其爲應也甚大是以知友道之重於天下也所以行之者信也瑕之得交於五嶺公有年矣自嘉靖癸亥以來五嶺以詩易會諸老先生瑕執經其間所以承五嶺之訓箴尤密一事之輕必正言以告之告之者愛之也一動之慢必微言以諷之諷之者誨之也至於朋友有義所當捄正者往返再四不憚煩勞誠意懇切不踰不止瑕每喟然興嘆以爲古有忠信君子斯殆其儔是故諸社丈之服五嶺也甚至而瑕之賴五嶺以寡過也甚多今年丁卯四月爲五嶺六十一初度諸老先生爲詩歌之詠

之慶之壽之長言以文之會讌以成之蔀章以集之渢渢乎和平之雅皆自實意中來也詩有之投我以桃報之以李貴實也諸老先生之以實意成聲夫固五嶺公實德之感也實德何如曰唐山公之序述詳矣乃瑕暇過蒲谷公公語云五嶺甚高與談元深造妙理循其言似可長生以度世瑕不曉元之說但曾聞五嶺云鄉居扶溪時與伯仲出溪之北郭遠山横翠近水澄碧綠樹囀鸝青田立鷺三兩坐茂樹清泉下晚且忘歸覺身世乃在畫圖間此其翛然物表達生者耶靈脩者耶不出戶而遠遊者耶葛天氏桃源氏之流耶吾不知其他

賀陳唐山先生七十一詩叙

瑕自少年時已知番禺有唐山陳先生未識其面但聞鄉評曰高人云嘉靖癸亥瑕以放罷歸三城時三城諸老先生為詩易會瑕得請侍教及拜會則會長乃唐山公也其容簡而不傲其貌溫如言笑可掬動有楷式而一發之以誠信之心古稱振振君子殆斯人哉唐山公為詩亦類其人古雅之中時見風韻自入社以來瑕每覺瑕詩日退公詩日進葢公無懈心而瑕多怠志是以應驗如此公所說易於程朱傳義究竟無遺至論河圖奇偶五行生尅乃有自出已見斷漢宋諸儒案者其獨得之深瑕亦未能了了

他日不知能自成　家言否然其年彌高學彌力德彌邁
見彌精真祉中之領袖后輩之儀刑也公年逾七十精力
倍健所作詩文書柬皆蠅頭細書頂刻滿幅得友人文字
及　當朝奏議邸報異聞多自抄錄自城東至西北隅往
返十里時時獨行不輿不杖接見后生小子拜起揖讓不
漏毫髮坐與之言則皆古經奧義也記謂耄耋稱道守禮
不亂公有之矣初公自為儒生時已慨然有志於古人脩
齊治平之學立法積糧以寬虛贍宗族至今賴之讓千金
之產不令其子出繼司府臧嘖嘖以為難公膺鄉薦授江
西武寧教諭教民之不知時祭者正葬送之以修破產者

禁逐妖人之以淫祀惑衆者大學士徐少湖時爲督學雅
敬重公生儒試卷多付閱閱畢定等第以呈亦無大更置
也陞任鍾祥知縣再補建城均徭薄賦止奸格頑民愛戴
之甫年餘以不能俯仰時體棄官歸其平生出處大致如
此然則公之眞精得於天者旻厚而其自充自養自保自
完自求多福自貽哲命抑又不可誣也丙寅四月爲公七
十一初度同社諸老先生壽之詩矣絕之文矣瑕亦矢之
歌矣又賡載歌矣越今旣一年瑕被新　命諸老先生推
之出社矣有北山之移矣乃公惠讌之仍出是帙曰我深
知子子亦知我今有遠行其能無言瑕曰吁瑕何言哉公

之贍瑕之行曰大易剛中天地之用瑕佩服而未逮也公之自強不息可謂得乾之健矣而亦有過用之時瑕昔曾援江門詩上記室曰文字貴精神百凡可以止一落永不收年光逮毓水公亦念斯之言乎夫珍重元神用而不用斯亦乾元用九天地所以善其用也是天地之壽也

賀素亭劉師翁七十一叙

維茲丁卯實天皇改元隆慶之初年暨其七月六日爲我素亭師翁七十又一之初度翁昔立甘泉先生之門領袖多士是以我同門多士會稱觴焉是日也賓朋旅集威儀有秩翁整衣迎之進退翕如也步履式如也拜起便如也

鬒髮漆如也墨如也顔色玉如也丹如也瞳子炯如也言笑雍如也歌聲瑱如也繹如也終日獻醻翼如也我同門多士咸嘖嘖曰翁之得於天者厚歟脩於性者靈與是和以綏祉歟是柔以永貞歟是其氣安以寧歟神完以清歟是惠而能愛仁者之所以長齡歟與瑕子曰是皆然是皆知翁之然而未究翁之所由然瑕之侍翁三十多年稍窺其然請試陳其所以然夫道止諸大中者也天之所以永清地之所以永寧日月之所以永明四時之所以永成人物之所以永生皆大中之爲之也翁之見於動履也柔而不靡和而不弛惠而不渝愛而不昵辨而不譁樂而不荒

信而不固是皆中庸之矩何脩而得此哉其析理也微微而能顯其體物也近近而能遠其信古也篤篤而能通其究於天人道德之藴也渾然一以貫之美哉古稱深潛醇粹公實有之矣惟其有之是以合內外而止諸中其爲氣也不養而充其爲精也不守而豐其爲神也不存而定大道無爲以合於中庸天地日月四時人物之柄皆自我執之而相與渾闢於無窮斯道也是我甘泉先生之道也翁默而成之此翁之所爲壽也同門多士曰是其然哉瑕乃叙之申以歌曰蕩蕩廣川百流歸處愷悌君子衆之攸與彼美斯何藹其陽春行而中慮言而中倫無極太極眞機

活潑優之游之言啓其橐不離物則乃見天機大包無外
小入纖微亦有恒言今之學者窮高極廣逐鹿不舍偏其
陂而誰執斯過道本大中賢智叢脞凡我同盟允執無斁
徃繼前脩來竢后覺我念斯言以稽厥履庸罔有違卓哉
君子楚水寒氷藍田暖玉氷淸玉潤以盈厥福七十多年
脩眞養性五官禀承靈臺靜正顏閔杏壇首科洛下匪斯
人斯誰其任者今我后生展其式師再拜稱觴引以無期
引以無期旣壽且康以教我子弟爲邦家之光

賀弼唐龎先生六十一叙

世運之隆汚係人才人才之美疵係學術學術之偏正係

宗承是故主張世教啓廸後人者其機不可不審也楊墨老莊之教皆起于心也但其所以事心者不全是以不能合堯舜文武之大舉一廢百君子謂之賊道焉自漢武納用董生之言表章六經至今千有餘歲學士大夫無不誦法詩書憲章孔孟宜其協一而不偏乃儒者之說亦自紛紜牴牾蓋至於周程而後中正渾淪之體備朱子承之大闡眞宗凡其教人入德之方一遵洙泗源委今其遺書與論具存平易明白同條共貫典刑垂式我　朝因之國用爲政家用爲學二百年來風淳道洽可不謂學術端宗承正亘百世而爲皇王之師者哉我江門石翁陳子從吳

聘君游歸陽春臺深造自得實接無極之宗我甘泉湛師翁繼之貫天人一内外包小大合顯微身肩先覺九十五年三千之徒咸聞大義晚居天關時海内及門豪傑之士多散處四方故東湖默坐而作人未收功之嘆每惓惓焉泉翁之歎蓋歎負荷之難其人也末年得我弼唐龐先生獨步門墻稟承奥旨具體實踐大勇莫前其大勇也浮言不能爲之惑俗論不能爲之摧千人沮之不能爲之權衆議排之不能爲之變荷大任重屹然狂流之砥柱也其實踐也不以一長自滿不以一善自矜不以一偏自安不以一息自懈行無細而不謹事無小而不親同方合志書無

遠而不周樵叟山翁人無賤而不敬詩曰温温恭人又曰夙興夜寐無忝爾所生先生葢有之矣其具體也愈宏博而愈細微愈高明而愈縝密愈寬裕而愈沉着愈應用而愈精神儼祗承於先覺抗師範於后人講堂精舍藏脩麗澤之規一脩甘泉師翁遺矩衆以爲自師翁没後微先生不知法堂草深幾丈也其天人之際内外之通小大之兼顯微之合可謂一以貫之矣始先生之未達也授徒羅浮從者雲集泉翁建四賢祠於黄龍先生以晚生禮見泉翁以賓禮下之曰世無孔子韓愈不當在弟子列他日師表後進必斯人也先生之既達也治中順天正郎秋官洗寃

澤物之政播滿留都不能一一稱舉而新泉會講伐木求友之嶶風棫樸作人之雅致至今有悠思焉先生出守曲靖仁政愈廣勤勞愈多撫按會薦特薦皆以先生治行爲滇南第一而當是之時朝政賄成先生遂爲頤指者所論以年老致仕時先生纔五十二歲也憸人排正無所指摘顧以五十二爲年老公道謂之何哉先生身愈隱道愈光一志潛脩以古之大成爲歸一日歎曰三十年習聞甘泉之教而未及門是吾小也遂執弟子禮泉翁愈加敬重而吾黨無論長少皆樂有領袖焉今年丁卯六月二十爲先生六十一初度同門僉舉賀事屬琚爲賀文暇固先生之

傳經弟子也然不能窺先生之大聊述梗槩如此斯道之傳遠有攸自渾淪中正百世相承豈其是内非外舉一廢百者所得而班先生固深於此矣當今　聖天子方新治理起海内名賢以共天職俯天欲使天下得聞大道之要則先生所以壽斯文壽天下者葢未有涯豈終寄跡於羅浮西樵泉石之間而已也

賀黄萊軒先生七十一叙丁卯八月廿一日清溪舟中

葢嘗聞之淵之亭畜也深則其流必沛氣之涵育也盛則其化必神故東風應律而桃李炫其華秋霜赴節而蘭菊飄其馥豈不以大鈞融液滂薄無垠故物類發榮迺其自

然者哉人之於養也亦然其醞藉無量然後其發越靡匱士大夫操觚染翰蔚然成章爲世宗工者自非其靈承厚積疇能若是吾觀於萊軒公也亦然粤自髫年凊才嗜學已蜚聲於鄉先達閒𠋣其積以歲月靡有惰心自薦名鄉書以至宦游南北歸老三城七十多年未嘗一日而釋卷沉浸乎六籍泛濫乎百家茹其英華飫其穎粟包羅總括浩浩乎莫知其津涯是以其爲文也浧思雄深則規模乎兩漢取材華縟則機杼乎六朝凡諸傳記表文叙述雜著體裁各異總歸瑰偉稱作家焉其爲詩也古風渾灑則鈌石懸崖近體芬芳則春花簇檻長篇展采則巨浪之破秋

桃短韻舒幽則孤山之聞夜磬律呂相宣丹綺互映可謂
彬彬然大雅君子者矣公之仕也初試振鐸跋涉瓊崖壯
歲設臯徘徊淮海爰自甸服入典國成盛德雍容羽儀乎
六館華章渙發粉藻乎三庠彼都人士欣然覩鳳凰之游
郊藪矣當是之時使有鍾期妙解鑒韻於巍洋伯樂神觀
超形於牝牡畀公翰苑職是詞林豈不足以雲錦凊時笙
簧盛世爾乃循資叙俸遷公於梧州桂嶺之間下管韶英
等宮商於土鼓塤車騏驥齊鞅轡於蹇驢非但走以簿書
亦乃投之荒寂用乖其術斯謂之何惟達士通方左右具
有大材不器遠近咸宜公之西也士樂民安下和上信此

其通融罔滯亦足徵矣然而瓊瑰之質詎聯武於斗筲鐘鼎之奇肯折腰於升合歸棲舊穴固其所也公之歸也僦室以居簞瓢不繼乃架書廊序種藥階除吟哦其間優游卒歲親朋召飲無不來過終日追歡未嘗向人作皺眉狀古稱獨樂其志不厭其道斯殆近之公之領袖吾詩社也士女游春而賞花於六脉天山避暑而坐竹於方塘寄傲於秋水之芙蓉舒嘯於天香之梅子酡顏皓首雅歌投壺眞足以楷範后輩瑕因投閑得請侍教是以稍窺其一二如此今年爲公七十一初度同社諸老先生爲之詩歌叙述以彰其美而申其慶瑕復叙其終篇曰瑕聞仁者必有

壽其天定也今觀於萊軒公爲益信彼其至情多恕博愛有容寬裕根心慈祥體物矜詞忿氣不設於終身遽色疾言不形於造次與之坐若飲以醇醪聆其言如聞乎大呂任物自然致虛不汩夫是以太和鍾其內蘊懿性固其天眞以此涉歷世時抑何疆界稽昔之言長齡者度閱商周優游八百斯其選也其茹和養靜得仁者之緒餘耶得萊軒公之緒餘耶是故萊軒公之壽未可量也

賀蔡脩菴陟都督府經歷序

人才之生也無地不然亦無時而不足於用顧世之用才者毋以資格限之是以淸脩俊彦沉鬱下僚鴻模碩畫不

展於當時偉績豐功不施於後世及其弊也或乃臨事興嘆謂天下果乏才用豈其然哉兩漢之盛公卿之子嗣爲公卿宋之韓范諸吕奕世宰相勳業赫然照今而傳後此其表表者也其他以任子振芳聲流渥澤大有名實於邦家者殆與進士等科相半由此言之人材在所授任豈可以資格限哉國初用人以保舉爲上貢舉次之任子又次之進士又次之進士初登第多爲縣丞主簿麐予自國學出身便膺榮要之選受任之后則人人各自以其才能功最爲遷擢内之九卿外之藩臬惟才是畀不拘一途騐彦所以拔茅鴻圖所以磐石職斯由也近世保舉不行專重

進士之科內之九卿外之藩臬非是途也鮮得忝焉自歲貢出身有聲績者至判郡而止然而不多見也自舉人出身有聲績者至郡守而止然而不多見也獨廕子自出身卽補京職徘徊中書尚寶通政太僕五府都事經歷等官皆職清而地要位尊而勢重其陞而在外未有不至郡守者國家所以優禮大臣而世之祿者是猶毋大失遂初之意焉擬之漢宋之盛則識者恨其尚限於才望之所至也脩菴蔡公少有異質長而敦慤嚴凝厚重不爲兒戲纘承家學究其源委少宗伯鶴江公深器之以鶴江公廕入國學大集時譽初授通政司知事人咸爲公不滿公處之裕

如再陟經歷又再陟上林苑監人仍爲公不滿公曰仕爲行志而已苑之積弊最鉅試吾利器此亦小盤錯哉乃蒞任盡搜其蝕財而蠹政者草薙之一時赫然稱良以最陟南太僕丞丞固冗秩也然時亦有印馬事涉歷七十二州縣權與繡衣御史等公到適逢其會所在躬親不厭繁猥而持大體尚簡靜民便安之比歸太僕閉戶終日黙如也今歲三月以最陟留都都督府經歷經歷亦冗秩也然其職淸其地要其位尊其勢重其出未有不爲太守者是地方千里數縣蒼赤之寄於一人者於此需之可不謂重乎脩菴公嘗試於苑監而效再試於太僕而效今之都督府

三四試矣然皆京職未有大親近於民姑養其寄千里者以需大受是亦國家儲材用之徵權也異時爲潁川爲渤海爲河南爲開封將與漢宋名刺史太守齊驅並駕而今天子方舉行國初善政諸途並進無方立賢他日或由郎幕超遷帷幄或由二千石入爲公卿必將自脩菴公先之我同寅僚寀益有所試矣

賀龔春所叙

天下當無事時豪傑之才毋無自表見何則所謂豪傑者非以其發揚蹈厲雄視叱咤之謂誠心待人公道任物從容沉靜謙謙然其中若無有也人固不以豪傑視之及其

有事徐徐而應動中機宜投之艱而不以爲虞遺之大而不以爲動納之至險之地而無所驚懼區畫規裁各歸條貫上下頼贊襄之績遠邇蒙廓清之烈衆始翕然稱曰是豪傑是豪傑嗟夫此其知花於爛熳之餘亦晚豈足以語於根荄蓓蕾之外哉少叅春所公早年以經學掇高科游郎署人曰文墨英才盛時之彦也沉思遠意時託詠歌渢渢然麗而婉焉人曰清新逸調唐雅之遺也揚歷外臺風清弊絶人曰綜核有經庶僚之表也至於上下山阪出入溪峒揔師督旅伐暴綏來舉百年反側而衽席之則或者未敢諒焉廼庚午秋公分臬左江道有古田之役兼督三

哨爲兵數萬公號令一布兵士秋毫無敢犯經途千里行隊整整如也土官兵舊多虛冒公設法簡稽不能濫升合之糗畫地以分諸將諸將稟令進止咸中緩急之度以庚午十一月誓師進討至辛未二月迄功前后搗穴破巢凡數十斬級凡數千俘獲男女凡數千牛馬器械無筭上功朝宁遂爲諸哨第一此其武事之競歟賛襄之績歟廓清之烈歟謂之豪傑之才非歟方公之督三哨也分地在融遠間實古田后戸所控扼最爲要害而融縣諸獞積與古田聲勢相倚融縣城外無浄土公至時小大岌岌不曰古田狼奔則曰融獞豕突不曰肘腋蜂屯則曰蕭墻蝎螫公

竊計曰大兵方集各獞救死之不暇此狐疑之秋正可以恩信撫也乃先招其近者不數日二三十里間皆安堵矣以次招其遠者又旬日百里間皆安堵矣居一二月風聲四達深山窮谷扶老携幼出見官府者以千萬計公一一爲勸其父兄教其子弟去其苛害定其約束猺獞來者莫不欣欣而去自謂乃今得見天日云先時議者有謂古田蕩滌之后當移兵併剿融縣各獞乃古田之克捷方半而融縣之歸附已全因武揆文以仁易暴不費斗糧隻箭復於古田之傍收拾一古田者公之績偉矣既竣事凡所發謀揆策授諸將以成筭者絶口不以爲功或問之但曰諸

將之力耳至有稱其綏緝融縣者則首肯曰勞來安定予職守也且陳六事於臺院以為善后之策曰清占據之田曰立堡伍之法曰開撫化之規曰糾市民之好曰設游守之兵曰乘鼓舞之義中間措畫皆無大勞費可策久安其大要皆自開誠心布公道中來也公之惠溥矣勉乘子曰余讀春所公六事未嘗不三歎也子有之斯民也三代之所以直道而行也猺獞世謂寇蠻不可馴擾乃公規之則員矩之則方絡馬鼻牛隨所乘服由此言之直道在人豈有古今夷華之間哉為人上者不能綏之以德意而徂曰民職為寇此上治之所以無良經右江之所以無樂土也

余甚痛焉使有司人人遵公之規畢力以懷附雖百年無兵華可也南寧太守林君喬相二守劉君漢偕諸屬請余言以後公之功余以爲公之功在古田者衆之同而公之功在融縣者公之獨故詳述之且以爲后之行政者式師曰是豪傑之才也

增城王尹存吾公入覲賀序

士大夫當家食時讀漢書史記所載循良守令事狀未嘗不愛之樂之且輕易之曰吾他日當如是當如是比其得志寄有民社則所行事或輒不如古者此何故哉豈其才器力量之殊亦所以養其惇大者未至也抑亦授任權力

之異歲月久近莫同也我國家取士最重甲科之選入選者多試以州縣長官乃永樂宣德年間爲州縣者毎以九年三考爲限是以賢者得以自見政治民安職此之故邇年爲州縣者大都不滿三年自非有大過人之才器力量惇龎厚養安能樹蹟明時而流聲海宇者哉隆慶辛未永嘉存吾王公釋褐于太學卽奉　命來宰廣之增城增城故劇邑地居博羅龍門間爲山海寇竊之衝民俗險悍錢粮多逋負自昔稱難治焉乃公蒞任不半歲盜竊屛跡境內晏如催科不甚用竣刑厲罰而家輸戸辦無有欠者民有訴訟徐徐剖判以理諭之罕笞責而民自服縣中舊有

健猾大豪每與人構爭自縣至府至憲司數十反覆累年不止自公爲政以來事皆一訊而妥帖舊日六房吏典滿三年多肥家潤屋自公爲政六房清淡如水斤魚瓶酒非自沽不得入腹凡若此類人皆不知所以致之也嗟夫此其才器力量大過人者歟惇龐厚養不可涯涘者歟公於里老怡顔柔聲接見之詢鄉落所疾苦夙奸積猾不燭而照是以不敢爲非收粮不用收頭每日輪該徵四人驗秤投櫃遇夜入庫次早交與下手是以侵漁之弊革而民無逋欠公於吏書皂卒每以嚴威涖之有犯不輕假貸也是以官門肅清而人心悅服語有之平易近民民必親之殆

公之謂公涖任及今纔二年而遠近向風上下歸德雖古之神君茂宰何以加今年癸酉新　天子改元明年甲戌萬國　朝覲公徃述職告民安也嗟夫公從此爲都諫爲卿相恐不得久借惠增江矣縣之二尹三尹四尹請贈言於瑕念先祭酒公兄弟瑕通家也東華公西華公皆瑕故交甚相知也瑕先文敏公塟增城之南鄉又公治下也瑕固當有贈言公於鄉士夫甚簡淡瑕性尤踽凉足跡曾不公門公枉顧瑕僅一出見耳是故瑕之言公言也后之續史記紀循良者或有稽焉

鄭雲庄公九十一賀叙

予方畫西樵之形勝巍然峙者山也泠然流者泉也蒼然鬱者林也崛然奇者石也窈然曲其中閟以深者洞也煙火熹微鷄黍桑柘雜沓者洞中之人家也既憶洞中真人如紫姑如鳥利欲丹青其彷彿而未得旨焉忽有自門外至者以一卷入語曰此吾香山鄭雲庄公之壽文也予曰雲庄公近日如何曰雲庄公生成化甲辰至今九十又一年矣精神如何曰步履尚便便也耳尚未傾聽也目未眊也出他鄉尚能跨馬以馳也飲食如何曰酒日不過三五杯飯食少肉多蔬菓則時嗜焉毎語諸孫曰木食者壽又曰雲庄公年已九十然其筵賓也自朝至夕無倦色有瑟

儻之風焉其教誨諸子也嚴厲如其少壯時有儀刑之威焉其待僮僕也從容温厚酒食必均有愷悌之雅焉其於親戚故舊也記遠念舊屢懷好音曰吾老矣及時來游有杕杜之情焉子姓宜之邦族化之聲聞著于州里父母齊神君行鄉飲酒禮特舉以爲上賓是日也樽俎既列儐价既齊雲庄公整衣冠而進揖讓有秩德音暢茂觀者如堵咸嘖嘖曰是商山之叟歟是黄石之后身歟是河上公之儔歟禮既畢神君率學之師生就見公于邸舍加敬重焉我親朋以爲此盛事也願公後之寻喟然曰是可繪以爲西樵洞中之人矣受卷展視其一則三十年前寻所爲雲

庄公六十一歌也又其一則十年前予所爲雲庄公八十一叙也其餘則諸士大夫樂雲庄賓筵之歌詩也嗟夫商山之於高帝黃石之於留侯河上之於漢文皆一現迹於世以顯潛德之光今雲庄之於賓筵舉虞夏商周之盛典而措之几席之間鄉里其有風乎是不可無紀也秋風漸爽願與公遨遊西樵之煙村巖洞間以攝道眞

賀李見羅公序

天下之道未有不由積而成者也水之出於深山涓滴而已積而爲溪又積而爲澗又積而爲川又東積爲滄溟之海然後載乾坤而不壞若此凡以其不已之故也人之於

道也亦然葢嘗讀論語書而知聖門之教重積德也其於學者之資稟高下得之淺深造之生熟一一洞察而循循以次造就之階級分明而要之使無止息是以其成人也易然三千之徒究竟大成者不過兩三君子而已故夫子曰十室之邑必有忠信如丘者焉不如丘之好學也又曰知之者不如好之者好之者不如樂之者可與共學未可與適道可與適道未可與立可與立未可與權學而至於與立而至於權此乃夫子不輕以許冉閔者何則教人者固有次弟而教於人者誠不可以躐等也近世學者不遵古人之成規循序積小以至高大偶有所見卽囂囂然自

信曰吾徑超直入吾旣聖矣嗟夫何后世聖人之多也其病將至於鹵莽滅裂洪水斯民有世道之責者憂焉我見羅公少承家學積文脩行立身揚名擬巍科登膴仕由兵曹出憲吾廣之嶺西嶺西南盡恩平東抵新會西界蒼梧北距羅旁綠水固盜賊淵藪也數十年來虜民貨賄刼民婦女宅民廬産促民田土有司不能誰何公涖任僅一月郎親勦劇賊三大巢賊出不意無逖誅者穀賊之粟數千石軍聲大振徐以次勦各巢穴前後獲賊首數千級招其流移撫其脅從復民室家業民田畬東西賴以妥帖者千餘里而羅旁綠水之寇亦盻盻然望招爲編氓不敢向長

江發一矢商旅始夜行焉大司馬上公功于　天朝於是
陟公爲仲威副使移鎮嶺東嶺西士民如失慈毋而嶺東
之徯公來者不啻時雨之降也公自爲秀才以至當官無
日不求友講學三十多年愈久愈篤居嶺西雖在軍旅中
然羽書稍暇之刻卽儒紳聚樂之頃也是以得深而用裕
養粹而化乎嶺海之士覿德心醉依希乎有程伯子之風
焉嗟夫此豈一朝一夕之致其所由來者積之漸也公之
於學可謂好而且篤卓然能立者矣其樂與權妙在公心
人不及知然觀其意氣招來風響旁達古之大成乃不過
此若夫武暢文宣上安下順風淸弊絶士樂民和體用同

源雖皆妙理而浮雲泰岱盎虛靈一物焉故君子以爲緒餘也公之陟也我同志之士治下之老咸欣然慶曰是周元公之遍歷我嶺海也是嶺海將大受眞儒之澤也是不可無賀委與瑕以賀言與瑕固知公之淺淺者然以爲公猶是而不已也則所以載乾坤而不壞者其在於斯夫子川上之歎㫖有以也

何磐齋詩序

磐齋公名經字宗易姓何氏順德之㫖滘人也中正統甲戌科進士授官工部主事陞營繕司郎中陞貴州叅政陞雲南右布政轉廣西左布政陞右副都御史廵撫鄖陽地

方功成上疏乞致仕歸以壽終於家實宏治八年乙卯也迄今萬歷甲戌踰七紀矣其曾孫兆鰲乃輯公遺詩曰南遷稿凡二百六十三首曰朝天雜詠凡一百九十四首曰督撫三藩詩凡四十四首曰和觀風錄凡三百六十六首共四卷以示與瑕曰先祖平生著作散逸無存此四卷者乃某從諸父老故舊東搜西羅得自破牘敗紙中葢百之一二耳其奏疏書記叙文靡隻字之存且此四卷有抄寫而訛者有蠹蝕而缺者子盍爲我校正之爲之序之將脊之梓人以圖永久與瑕受而讀之五復五反乃喟然嘆曰甚矣詩之可以觀也兹集也見雍容之度焉見愷悌之情

焉見宏博之學焉見閱歷之深焉見急流勇退之雅焉見鄉里交游樂易周浹之厚焉觀者當自得之向使是集無徵則前輩風流后於何瞻詩有之高山仰止景行行止與瑕子曰甚矣前哲之尙質也以公學識之深歷試之久五平巨罍奏記之多前后著作之富不自托於鋟梓以垂不朽廼僅存詩章流落人間敝櫝中非乃孫勤懇搜輯之將泯沒無傳也已詩有之永言孝思孝思維則與瑕子曰余以隆慶五年行右江自柳州入東泉趨洛容何寥寥也洛容僅有縣堂三間用瓦自餘雖聖殿亦葢以茅不蔽風雨東泉惟一空石城城內猺獞茅屋數間而已烏覩所謂陰

廊古砌者哉今觀集中有和東泉驛壁間韻等作且云父老欣迎兒童相識又何盛也曾不百年興替頓異可爲深長感慨也　祖宗時上有道揆下有法守撫巡按察大吏雖深山窮谷無不踵趾其間是以生民休戚得以上達近世高官惟安坐省郡寄耳目於含沙鬼蜮之徒宜古驛之片瓦無存也可爲深長感慨也詩有之皇皇者華于彼原隰與瑕子曰磐齋公五言集古詩工巧渾成雖置之唐人集中不能辨眞可傳哉讀遜志齋集曰成仁曰取義千古不泯之民彝也　國初誅方十族無有敢留其隻字者乃全集竟在人間豈精靈所萃固有鬼神訶護之耶酬別公

甫寄公甫等作見公識度之高焉與石齋游三洲巖詩絶唱也后之來游豪傑煥新嵓洞不知曾採錄及此否是山川之光也

嶺西兵政抄序

先文敏公云學以洞究大原爲要以致用爲大以用而不用爲熟以用而不用而不知所以用爲至甚矣古人之學貴致用也三千之徒受業於孔子彼其時皆棲遲衡門弦歌泗水初未嘗有民社之寄也然而問學問政每對傳而並習之其於足兵足食之方師旅飢饉之備禦災捍患之術禮樂教化之經無不講究熟閑是以間出而小試卽有

超絶當世之施設今載在史記家語中可歷歷考也若此
者何蓋道無在而無不在者也卽心卽事卽事卽政一以
貫之故聖人曰立達云儒者之道古之人每每如是是所
謂大心者也后之學者乃分學問政事文藝各爲一途而
近世學術又有併聖賢經傳而糟粕之曰求之吾心求之
吾心嗟夫何其觀吾心之甚小又何其自師其心之甚隘
也隆慶辛未見羅李先生由兵部員外郎奉　命來憲吾
廣分巡嶺西整飭兵備先生下車卽群境內儒生子弟日
講心性之學雖軍事旁午然獨書稍暇之刻卽儒紳談藝
之晨也時有竊議者曰嶺西之爲盜區百年矣披堅纍馬

橫戈以赴之尙恐不濟今先生迂闊如此其殆矣哉廼旬日閒羣盜斬者梟者俘者盡其巢而僇之者破其寨而蕩之者窮追其逖遁而廹縊于空林者上功于都臺無虛日千里肅淸商旅夜行羅旁綠水之積寇深山窮谷之逋兇惴惴然乞爲編氓焉向之竊議者始訝曰儒者乃有此事暇雖稍知先生者然亦不深知其功烈之赫炳作用之由來也今三月既望新興大尹王君柱顧山齋授暇八卷披閱之則先生嶺西兵政抄也中閒呈請議擬之詳裨補幾宜之畫區處糧食之裕戒飭虛僞之嚴申明紀法之守鑒別賢否之精獎薦忠勇之勳指示俘馘之畧一一備具而

其用兵也謀之也深畫之也容策之也預防之也周及其應機也如弩發牙如水注壑如八駿駕輕車下峻坂而王良疾鞭之也是以舉無遺策而震世之烈奏焉嗟夫先生之功烈自先生政事中來也先生之政事自先生學問中來也乃若其正身以率下開誠以待物虛已以禮士布公以服衆則何心非事何事非心益近於一貫者矣兵政之抄曰呈詳曰稟帖曰簡書曰手本曰牌曰關上下之體殊其精神之措注一也是錄也次而輯之者德慶楊州守電白王尹也校而刻之者新興王君偲平洮尹也此四君子者皆同事地方贊先生下風頡有戎功又服先生之敎洗

心淬行遠道相期是以去先生雖遠而不能忘也嗟夫是可以見先生之孚被也王君校刊既完請余爲序序其大畧如此后之有文事者其知武之備歟有學術者其知政之事歟是先生惓惓與學者講究之心也

賀麥東瀾六十一叙

順德勸流之麥巨族也有高士曰麥東瀾公東瀾之毋二十餘而孀居遺腹生東瀾少入小學長乃棄舉子業遯居鄉落間日與山林之士遺世而長往者游龍岡厓山終朝程也歲不一至順德半日程也數載不一至省城一晝夜程也十載不一至老子稱有道之世雞犬之聲相聞民至

老不相往來東瀾公殆其人歟鄉間有池池上有囿有荷有菰有花有竹當其夏晨美景乃與諸遺世而長往者逍遥其間時永歌焉其歌曰瀾之清以濯吾纓瀾之宛轉臨流寄遠寄遠伊何丹菰緑荷彼芬者芳永懷不忘又歌曰瀾之左爰得我所瀾之右薜蘿多有鳥啼關關鷺立青田我心則休遠渚悠悠又歌曰瀾之西皓魄流輝照我緑堤行樂遲遲瀾之東皎日融融春水秋風洗我心胸令德永終互相唱和歲以為常不知老之將至也塞耳不欲聞世間事然和平樂易鄉族愛而敬之就决曲直得公半語輙解紛焉今年三月為公六十一初度親戚走賀請予為之

文嗟夫公高人也寻安能知公之深昔馬少游云士生一世但乘下澤車騎欵段馬令鄉里稱善人足矣寻少讀漢書至此以爲亦平平耳乃今怯羽驚弓倦翼思息味斯言眞有旨哉彼少游兄弟當西漢末遭王莽之亂龍飛南陽四海雲擾其所涉歷旣多世態備嘗是以其言如此然而伏波將軍白首據鞍經蝯猴飛鳥不度之巓崖乃憶少游語然則寻之知慕少游未爲晚也若東瀾者古所謂夙成大雅肥遯雲衢者非歟公有子八人游學於天關者六人異日張皇文武之畧當有如伏波負大志策大勳者倘過羊腸鳥道憶及少游之言然後知乃翁之高哉葢獨樂其

志不厭其俗近仁者哉仲尼曰仁者壽

賀九皐馮公壽序

杜工部云人生七十古來所稀余少誦斯言以爲過甚壽亦人生之常耳何至希罕如是乃今屈指鄉邦知舊得五十歲者十不過三四人得六十歲者十不過一二人得七十歲者葢十百中僅一人焉然後知子美之言不謬而洪範五福以壽爲先良有以也大良碧鑑九皐馮公生正德某年迄今爲七十一年某月日是爲誕生之庋鄉之人士交慶之何次瀾公徵余言爲之壽余曰夫壽德而已矣何以言耶夫壽仁而已矣何以文耶次瀾曰言者所以昭德

者也文者所以顯仁者也雖有至德非言曷宣耶雖有至仁非文曷矣耶且公獨未聞九臯之行耶性倘敦朴不好華靡謂之木訥近仁者非耶尋闔義舉毅然直前多費不吝謂之仁者有勇非耶每遇荒歉首倡賑賉所謂仁人之惠非耶大父東江公年逾九十公自少至老承事不違有孝友之稱焉兄弟三人皆游泮宫今伯仲齊齡家庭讌樂有雍睦之風焉詩有之樂只君子保艾爾后又曰嘉樂君子顯顯令德九臯公非其人耶余聞次瀾之言如此乃肅然起曰信有是則九臯之壽也所謂自致者耶夫壽之爲言久也天下之物華者不久實者久敦朴者仁之實也六

下之物脆者不久堅者久勇毅者德之堅也天下之物薄者不久厚者久施惠者仁之厚也天下之物枝派不久根本久孝友雍睦者德之本也實而不華堅而不脆厚而不薄本以爲枝九皐之壽未可量也實而不華其松耶松最壽堅而不脆其栢耶栢最壽厚而不薄其岡陵耶岡陵最壽本以爲枝其川流乎川流最壽詩曰如松栢之茂如岡如陵如川之方至以莫不增言久也久之爲言壽也是九皐之自致也九皐三子或授職官或補庠弟子彬彬乎文雅方熾斯又本以爲枝瀰漫浩瀚吾不知其所終極也

賀關毋潘安人七十一壽序

文之足以壽人尚矣非但古聖先賢忠臣烈士藉以垂遠雖匹夫一節曲士片長亦寄以傳不朽非但男子爲然雖士女懿行幽閨淑德所以流聲光於奕世者亦是之賴甚矣文事之不可已也是故葛覃卷耳以周南壽采蘋穠華以召南壽敬共兩姜以國語壽淇水六女以衛風壽下及馬史班書韓文柳誌所紀貞懿内行抑又詳焉大都日用尋常藉大家筆墨以張大之遂以昭今而詔遠乃若烏孫有歌搗素有賦胡笳有拍續漢有書斯又自以其文自壽者也甚矣文事之重也鄭洛厓子曰吾姻親吉利關南橋之内安人潘氏也出于涌鶴其舅羅江地官郎也兩姪光

統光祿丞也大行經魁也可謂盛矣詩有之齊侯之子衛侯之妻自潘之歸于關也奩資豐厚家業日長詩有之親結其縭九十其儀自其爲關之婦也富而能勤儉而有禮無冬無夏紡績之聲不斷也詩有之七月流火八月萑葦白其毋儀闗族也內政脩舉歲時祭祀必虔必恭詩有之君婦莫莫爲豆孔庶賙給貧乏之族人德之有子四人男孫十有二人詩有之螽斯羽詵詵兮宜爾子孫振振兮今年七月是爲七十一初度我親戚子弟祗將賀事願公惠之文以光昭之勉齋子曰有是哉是乎周親乎舊聞之是有葛覃之勤卷耳之敬采蘋之恭穠華之盛兩姜之淑六女

之風是固可以自壽矣愧予不馬不班不韓不栁無以爲之張大之也聞安人之於諸子也自塾師晚歸正其句讀考其文義渢渢然與偕諷誦斯所謂女中人士者無亦有好歌如班如蔡照耀千古者耶是又所以自壽也

賀淩洋山督府歸朝序

自古國家當二三百年全盛之世治極蠹生邊鄙或竦則必有命世之才出而維之剪其蕪穢蕩其妖氛此宗社所以靈長蒼赤所以奠麗區宇所以寧謐海隅所以乂安天心仁愛元元其理固如此也商宗之中葉也肆伐鬼方時則有大國之賞而世遠人湮矣周宣之中興也玁狁

南威蠻荆時則有召虎方叔仲山之屬壯猷宣力共振皇圖二雅所歌千古稱隆焉我　大明全覆夷夏嶺海自何眞棒版籍入職方至今太平二百二十多年矣九溪之蠻時征時勦民亦小康至於西之府江古田東之羅旁綠水淵藪渠兇則百年來無議征之者先司馬石汀殷公畢力西方府江古田次第平靖獨於羅旁綠水乃遲遲有待焉歲在丙子　天子特簡大司馬洋山凌公來代石汀總督兩廣而專詔責以羅旁之役公蒞任乃集沉鷙之雄謀總攻圍之長策簡兵卒之堅脆料軍實之盈虛計里道之邇遐審山川之險易星羅武駿碁布文英大兵十萬東西齊

發若十乘之輾螳螂也若猛虎之搏豗豚也若秋風之掃薄霧崇朝而淸明之也斬首四萬餘級招降數萬闢地千里請建一州二縣設立衛所握其險峻伐木開山授田編戶作興學校招致游學之士而青衿之甫一歲而寇賊之巨區爲衣冠之樂土矣　朝廷以爲百年間南北用兵無此偉績晉秩廕子　詔書奬賚歲無虛月易之師曰在師中吉承天寵也王三錫命懷萬邦也豈不盛哉召虎雄江漢之旅方叔伸蠻荊之威以公視之古今豈大相遠公總督兩廣三歷寒暑百官受成五嶺咸和謳歌盈道路矣戊寅歲冬大司空員缺　朝廷陟公入補以爲公之功懋矣

重公功也勞於嶺海久矣節公勞也老成碩德不可久虛於外召晉上卿覲公德也易之泰曰天地交而萬物通也上下交而其志同也　天子方裁成天地之道以左右民故始以師之九二委公今以泰之九二屬公也豈不盛哉昔正德末年王陽明先生靖楠江擒濠逆征八寨平思恩功高甚矣乃不得一日立身廊廟展布分毫公今内召日與　天子宰執贊襄鴻業其視陽明何如也詩云袞職有缺仲山甫補之豈不盛哉抑泰九二之詞曰包荒用憑河不遐遺朋亡四者備具乃得中行公包荒之度偉矣憑河之勇烈矣朋比之私絶矣歸朝后視嶺海實爲遐荒紀綱

之理亂官治之廉汚風教之隆𤸃賢才之隱逸其亦重加睠念乎是不遺之義也瑕固公舊屬官也受知頗深茲同蒼梧人士秪舉賀事而申以斯言亦其願忠之微忱也

賀香山父子兄弟齊壽序

大明洪武開基之初五星聚牛斗永樂年又聚牛斗老人星現於牛斗之下占者曰　天子壽又曰宰執壽又曰國有耆耇又曰斗牛越分也老人星現百粤其爲壽域哉吾不知其他且以嶺表近世徵之有以宰相躋上壽者有以八座躋上壽者有以道德文章顯當世躋上壽者自餘或顯或隱躋上壽者羊城之百歲坊葢存十一云間有父子

齊壽者有兄弟齊壽者有兄弟姑姊齊壽者其南方長生之氣使然歟　清朝悠久之化浹洽於海濱歟天象足徵歟抑亦人家積善之慶歟廣州居五嶺之南香山又廣州之南雍陌又香山之南長生之氣之最盛者也吾表兄雲庄鄭翁居雍陌今年九十六矣尚能跨馬揮鞭步行不杖何其壯也子青崑君年近七十矣自雍陌如香山自香山如廣州若行廚竈間亍以爲父子齊壽希有也乃青崑之姊適平嵐郭見陽者今亦七十一矣與青崑繼毋上下年一門齊壽又希有也嗟夫此豈特萃長生之氣其積善之慶歟青崑兄弟時過余語曰自吾姊之歸于郭也事見陽

君以敬奉翁姑以孝睦妯娌以和教諸子以勤以儉鄉邦稱之曰女中君子見陽君早世而三子卓立家業日增上完公家之賦役下周親戚之禮儀詩有之在彼無惡在此無射凡皆安人之教也其善之積歟其壽也其積善之慶歟其壽也壽而多男也多富也又積善之慶歟今年四月爲初生之度親戚以酒禮壽之希逵兄弟欲永其慶也爲錦軸勤文壽之而來請文字且曰使后世子孫知吾兄弟姊妹之白首怡怡也勉齋子乃敷張其事同諸君壽之

賀西寧朱尹序

我兩廣自一洪武入版圖以來九溪百蠻時出時沒時勦

應上招撫

時靖獨羅旁綠水之寇則二百年討之無成績者萬歷丙子大司馬凌洋山公涖任承前院　題請集廣東西之兵四路進征不踰時斬馘四萬地方底定開一州二縣以綏戢之州曰羅定縣曰東安曰西寧乃議招撫議田糧議城守議廟宇議學校曰斯數者非擇忠惠之長明察之官愷悌之君子何以勝之於是選治行特出者得三水存南朱公攺調西寧焉公之始至西寧也遺黎無子每日點戍卒二三次耳公乃搜羅窮谷之逋逃以恩信撫之使入編戶招致各邑有力無田者定甲立里一半歲而比僯烟火稍稍集矣山間之田有廣有狹有高有卑有肥有脊公親履

應田根　應城守　應廟守　應學校　應忠惠　應明察

畝丈量度土定稅計氓授業無不均以平也縣治在萬山中無隻磚片瓦官居茅屋數間荒凉人所不堪公怡然綜理之召工埴土興爐冶鳩竹木先築土城次砌以磚雉堞旣建乃爲文廟爲縣堂爲門爲寢甍甍翼翼巍然成中州美觀以至分司公館社學鋪舍壇墠教塲無不周備規模宏遠矣四方游學之士委曲禮遇之爲校正文字考送州道以作興之弦歌詩誦聲相聞矣嗟夫邑之荒陋如此創始之難如此而公不三年闢建置如此成功如此又何其易易也公醇懿天成接人和氣藹然無貴賤少長皆樂就之馭吏皂未嘗嚴聲厲色而毫末奸欺不能作也下深山

應愷悌

之材弛商人之稅遠近聞風趨附恐后雖孤客賤夫肩毛緥故皆得從容自陳於前夫是以上下同心公私畢力政之速成職斯故也若公者所謂忠惠明察愷悌君子者非耶今年六月　天子以公政績卓異特陟北京戶部主政士大夫莫不為公榮也公之寮宷素恃公為之主張也新附之衆素恃公為之怙冒也諸生恃公為之啓廸也學中師儒恃公為之輔翼也雖則榮公之陟實則恐公之行共欲攀公之轅顧不能留公之駕乃謀所以賀之而請賀言於麗弼唐公弼唐以屬與瑕與瑕子曰嗟夫吾觀於西寧而知王道之易易也羅旁自用兵之后千里無人烟譬如

病傷寒者醫以大黃巴硝下之氣息奄奄垂絕矣當此之時宜以薄粥緩劑徐徐調攝之乃可以續其命間有餘熱未退頭足酸痛亦聽其自然專宜平補有庸醫焉不審虛實更投以峻厲之藥則大事去矣故醫家有王道之劑凡以扶元氣爲急也存南公之安戢西寧也其王道之效驗乎慨自洋山公　內召當事者頗尚嚴切間有一二浪賊復議大舉嗟夫吾恐爲峻厲之藥之投也公今歸　朝其亦以此義爲柄事者一陳之乎是留西寧無窮之惠也

賀廣西憲副吳道南晉職浙江大參叙

豪傑之士生當太平乃欲以其學術材猷策勳淸時垂名

永世豈不難哉當其無事人人自以爲學陋由求才優韓
范比有小儆則慄慄然且戰且惟曰某豪傑也非此人無
可委者旣應手破其脆而折其牙則又羣然與之争一階
半級之高下間或從而擠之嗟夫此所謂等咸英於土鼓
齊騏驥於蹇驢雖有過雲之音追風之足將安所施自非
鍾期妙解伯樂元觀識拔於宫商驪黄之外士奚得以一
効此寸之所謂難也昔在職方得侍道南吳先生當是之
時南倭之汎未寧北虜之塞未欵古田之旅未振安酋之
勦未休廟廊碩畫專畀職方先生時爲協郎一籌一策畢
中機宜舉天下大事坐定於談笑指掌間衆言淆亂莫能

撓也朝宁以爲先生眞堪大受者旣而循資敘俸遷陟外臺資最旣深建樹尤偉開府邊郡中外益屬目矣忽爲忌者剃之又徘徊寮寀閒先生以爲不遇歸棲出處之常飄然肥遯去矣乃荆州相公深知先生必欲起先生與共天下事先生以爲此吾之鍾期伯樂也是以受命而不辭當是之時南海之波不揚北鄙之塵不起古田八寨已縣已州綠水羅旁旣衽旣席先生居鬱林臥治耳目者忽覩邸報浙兵有脫巾之呼余料曰可辦此者其先生乎　新命且下矣無何朝議果推先生爲浙江叅政嗟夫咸英之雅騏驥之步從此可以揚其韻而展其足矣或曰先生在浙

一年而入粵入粵一年又如浙奔波宦海突殆未黔賢者多勞如此予曰非賢無以任勞非勞無以見賢臥治鬱林非所以處先生也或曰先生由起家居不一二歲遷浙少叅由浙少叅不一歲遷廣憲副由廣憲副不一歲遷浙大叅鴻毛順風於仕途快志矣不已躐乎予曰昔與先生比肩職方者今爲開府爲上卿若干人矣先生益瞠乎後也何謂已躐乎夫主議受奄韃之孫之降而纖悉爲之所者先生與李次溪也而余亦贊其成乃事定之後京堂之擢先生獨不與先生在邊多年功最應擢又不與今浙東無乃以有事借先生耳何謂已躐乎先生東征甚急諸屬官

徵余言以送先生之行寻念得受於先生時先生稍知余邀余見荆州相公微談天下事相公曰美才也旣余屢遭齟齬相公不終棄之乃甘老泉石曾不以隻字通者跡疎也不敢躁也先生蒙相公委問前后數千萬言責以久要之義是以受祿而不辭跡親也不敢隱也躁且隱古所謂三愆者余與先生各戒其一是以不同如此嗟夫余顧安敢望先生之後塵哉

賀廣西大叅胡雲屏公壽序

余少年從先大夫宦游兩都詢天下士而知餘姚多豪傑當其時談王氏之學者林林也邈舍雖異心竊慕之比壯

歲成進士第得與餘姚諸君子游則見雲屏公言貌詞氣侃侃如也心竊畏之又一年出令慈谿慈谿與餘姚唇齒邦也因數得從雲屏公杯酒間見公持身之矩焉見傳家之學焉見華國之章焉益欽欽然敬服公矣自是以后公以行人授御史代　天子巡行方域攬轡埋輪觚稜一世風采赫赫然震動宁敬而愛之者固多忌而排之者亦不少然精金得火彌煉彌剛固無以加於公也乃驟賫遷轉南盡塡閩北窮恒代朝更暮易殆無虛歲當其時使精神或疲於奔命志氣或沮於潰成者鮮不懷山林之思矣而公從容順適付之無心亏十年前曾一會而以爲公當毀

方爲員與世推移者忽琅然謂余曰吾輩所恃以自立者直道正氣也幸保有終余悚然知其煆煉益如此辛巳歲公陟今官至嶅臺余遇之舟中見公矩範益嚴充養益粹儀度益周志氣益廣蓋不但爲一節士也從余求奇書逸典及近世名家文集曰仕優不學何以大成嗟夫公又不但爲一世士也公在蒼梧將二歲其馭下也煦日清風其處事也行雲流水小大莫不懷愛政尚大體動稽遠謀深山蓬谷之垠各得其所公府盡日無事也茲三月旣望爲公初度府太守陸君率其僚魏君輩及其屬麗一夔等舉常儀以將賀事謂余辱年末以壽文見委余侍公雖久然

烏足以知公之深抑聞之君子之壽也道而已矣道也者亘萬世而不壞者也有得于道則歌南風於廊廟者不爲加詠春服於舞雩者不爲損先天地而不古後天地而不今是壽之至也三教皆由無窮之門以入壽域者然伯子之言曰佛氏盡性以至於天命而終不可以爲天下夫盡性則一體萬物至命則成位兩間何爲不可以爲天下是可爲深長思也夫子曰天下國家可均也爵祿可辭也白刃可蹈也中庸不可能也夫三者各得其偏誠非所以語中庸於此有人可均可辭可蹈兼三者而備之將遂得爲中庸乎是又可爲深長思也中庸者兼小大一内外貫古

今逋天人亘萬世而不壞者也雲屏公涉歷宦海二十四年保其剛方正直而樸之斲之沙之石之以造乎中庸其壽固無窮也請以是爲賀或曰講學者清時之厲禁也願聞其再曰清時之禁謂淫詞也謂詖說也謂附老於孔稱二聖也謂混佛於儒爲一道也謂假講學之似以攬重權媒顯爵也今所陳者洙泗之遺書濂洛之墜緒所以放淫距詖以與天下同躋於壽域者是雲屏公之默成也清時所甚重也請以是爲賀

鄭環川六十一賀序

凡作文以壽人也者或以貴或以富或以親或以故以富

貴爲之壽也者聲勢之附也以親故爲之壽也者情義之浹也於富貴之中而親故存焉則其壽之也意近眞然而詼詞居半矣於親故之中而貧且賤焉則其壽之也意彌眞且其人必有大可稱者若鄭環川者其儔歟貧無以爲財也賤無以爲勢也然而鄉之耆者以及后輩宗之父兄子弟莫不愛之重之曰今兹八月旣望環川六十一初度矣盍往賀諸相率求予文以賀之其言曰環川急人之難如切其身也與鄉黨宗姻謀事必盡其情也平易和樂與人交無藏于肺腑也是以人重其義而服其信余曰諸公乃未知環川之大者昔有商人下澳舟覆以千金置岸之

深谿中包以絡布數月走至環川所語以故環川爲具舟如所指往尋得之願分環川以半環川微笑而已寻初至香山將築古鶴之鹵田以四百金付環川使自收支迄以集事夫環川無立錐產也客以數百金酬之而不受環川無立錐產也余以數百金委之而不疑此二事乃其大可稱者郎置之古烈士中無以過昔夫子於善與人交不恥下問等事雖鹽米細碎必表而出之後世雖有奇節獨行亦少見錄使觚稜慷慨之士泯泯無傳可歎也若環川者其儔歟余因諸親之請特爲敘述或觀風者有採焉

賀何菊亭壽叙

吾觀於鄉而知王道之易易也此非夫子之言耶春秋之世列國兵争王綱之解紐久矣而洙泗之間毋曰同文同軌大一統也若此乎其尊尙之也漢唐之盛也政刑禮度萬里一轍曾有如春秋之僘者乎而是古非今者恒以不見三代之隆爲嘆嗟夫是未嘗知王之道也萬古此鄉黨則萬古此人倫萬古此人倫則萬古此風俗要在邦之老成保其和厚振其綱維以啓導后之人耳吾鄉上底石岡下至西灣周環十數里自洪武以來農耕士讀蔬食布衣無紛華侈靡之習朝出暮歸熙熙如也老子所謂有道之世雞犬相聞民畨老不相往來茲殆近之醇氣攸鍾是生

敦龐壽考之人於以保其和厚振其綱維以爲后之人式若我菊亭何公益其甚盛者哉公自少力學壯游泮水雖慇勤苦六十多年文藻燦如也詩歌瑣如也動履恂如也服御朴如也家學淵如也朋友之交藹如也奉先有禮子下有恩百爾應務兢兢如也自宗黨以至鄉里無論少長貴賤皆愛之重之今年三月是爲公八十有一之初度凡辱公交游者連公姻婭者莫不歡喜歸德乃徵言於勉齋子勉齋子曰余觀於公而知王道之易易也夫化始於閨門達於宗族洽於鄉黨各得其所是謂大順各得其理是謂大和大順大和而王道備矣吾鄉厚俗菊亭公從而培

之八十多年依希平渾灑之遺雖三代何以加詩有之彼都人士出言有章公文藻也神之聽之終和且平公詩歌也朋友攸攝攝以威儀公動履也民之質矣日用飲食公服御也教誨爾子式穀似之公家學也既有肥牡以速諸舅公交情也祀事孔明先祖是皇公奉先也飲之食之教之誨之公于下也凡此皆大雅之矢歌皇風之休暢公體備之以爲后之人式可不謂甚盛者哉先是公年七十以耆德被冠帶　榮恩至是賓來服以出迎步履便便如也酒行樂奏衆乃合歌南山之詩曰樂只君子遐不黃耇樂只君子保艾爾后賀且祝也終賓之筵式禮莫愆觀者咸

歎曰王道之成也聖德光天之下至于海隅盍如此

蔡箕野翁榮舉鄉賓賀序

太祖高皇帝肇造區宇思躋萬國於三代仁壽之域首行天下郡邑舉鄉飲酒禮斯禮也酌殷周漢宋而損益之行之至今二百多年天下守令無敢有踰跬步者盍以是爲最大典與　文廟之祭相表裏云每歲守令遣生儒延境内碩望者彥而賓致之賓及門太守趨迎三讓而入及階三讓而升及席三讓而坐讀法歌詩三獻成事拜送於大門之外凡以尚齒貴德示民之有倣也嗟夫士生斯世而得與於斯宴也其亦可謂甚盛者歟吾黨深村箕野蔡先

生以布衣居鄉里間飭躬勵行不求人知誦詩讀書游心
邃古人有犯者未嘗較也事親至孝居喪不設客座於中
堂朋友交際不豐不儉一似審於禮者然固不屑屑曰禮
嘗如是鄉有貧乏荒歉量力賙之有橫被害者極力拯之
亦不屑屑曰吾行義也其自然合道有如此者萬歷戊寅
歲春郡大守舉行鄉飲酒禮命生儒捧書造先生廬曰聞
先生抱德蘊和爲海邦矜式舊矣獨未得即瞻風采今舉
淸時盛典惟先生惠臨之實爲賓筵之光先生辭而不獲
也遂造成禮是日也環泮水而觀者近千人有歎者曰太
守眞循良哉賓有高賢有訝者曰賓之某席爲誰何其類

有養者氣象或應之日自山林中來也禮旣畢鄉之人士咸欣欣然相慶曰耆德於昭後生有式是不可以無賀或曰吾深村自洪武以來無以會元登宮保者有之自文敏公始也自洪武以來無以布衣列尊賓者有之自箕野公始也詩不云乎樂只君子邦家之光是不可以無賀勉齋子於先生姻也居而雞犬相聞也少壯相追隨杯酒間三十年莫逆也今又掛冠歸來尋二仲三徑舊盟也乃爲序其事率諸君將賀焉

賀區玉田壽序

玉田區公登州村人也生正德丙子歷嘉靖隆慶逮今

皇萬歷見全盛四世矣茲丙戌九月十八日爲公七十一初度邦之縉紳學之青衿鄉之秀士或公執也或公親也或公之傳經弟子也或公郎君之同年若年家弟子也相率牽羊載酒稱賀走得同亭謁予徵賀詞焉余與公自少壯爲筆硯友静虚文會公實主盟隆道範肅會規嚴課程勤講習余兄弟子姪及諸四方來會者皆欽欽然遵公繩墨三十年間同會登進士者三十餘人中鄉科者倍之游泮宫者無筭静虚遂爲省城名會公之力也公偕諸子游湛甘泉先師之門服膺黙坐澄心體認天理之訓處家處鄉事親信友一以古人爲歸縮積蒸嘗買地鳩材營建始

祖祠人曰是非貧儒所能辦公曰有志者事竟成耳祠成合數世子姓奉祀其先人謂公培其本也其枝必茂浚其源也其流必長後嗣之昌可預卜也已而二郎果登秋榜三郎蜚聲郡庠諸孫繼文軌者彬彬也公初游增城儒學爲增廣生晚改府學謝歸有司高其風授以冠帶怡然喜曰春秋祓命服以虔祀祖考不亦可乎鄉居罕出城市時與知舊棲遲十洲草亭坐茂濯潔賦詩飲酒或授諸孫經而已十洲草亭者公所刱也亭不高水不深地僅數畝環以淸流遶以綠竹中植花果有魚池焉歲收其入爲親朋杯盤費每言曰傳稱十洲海外異境也吾逍遥於此不閒

世俗塵紛非海之外乎傳稱十洲方外仙島也吾道逍遥於此不入世網纏束非方之外乎傳稱十洲十中原之大也吾道逍遥於此日東而月西鳶飛而魚躍意與竟融一息而遍十中原矣故名其亭曰十洲草亭時賦詠其中若曰半池碧水幾操氷紘若曰長歌歸去之詞自適曲肱之外若日時醉時醒嘯傲花開花落春秋皆與造物游之趣也公嘉言善行不能悉述兹惟叙公長靜盧之會著達善也叙公禀泉翁之教表師承也叙公建始祖之祠美追孝也叙公十洲亭之詠歌昭獨樂也是故達善道之興也師承道之宗也追孝道之本也獨樂道之行也古之壽者曰眞人

曰仙人其趨不同皆得道者玉田公之於道也其得矣乎年所多歷隨其得之所至也

賀梁桂坡翁七十一壽序

余讀易至漸之上九而知聖人維世之情也末俗趨卑其於名利若飢鳶之攫腐鼠操戈闘墻射肩落指人絕滅絶皆自后義先利中來也聖人憂之思以挽焉故于上九曰鴻漸于逵其羽可用爲儀吉凡以崇高蹈嘉肥遯以礪頑而起懦也士惟高遯然后明節義明節義然后尚忠信尚忠信然后篤實行篤實行然后貞風回而習俗美羽儀可用艮以是也古之人脩於林泉之下而當世仰其清標皇

王欽其逸軌豈不以其足以佑贊鴻猷潛資汾穆也哉三代而下若採東籬之菊課西湖之梅蓋其皜皜者吾鄉桂坡梁翁隱居南海七十多年潛脩倘志遠近莫不愛之敬之至問所以愛之敬之者何由皆曰不知但見其可愛可敬耳或問桂坡公曰公漁樵乎曰否耕牧乎曰否工商乎曰否何爲一無所事曰漁樵者各職其居耕牧者自食其力吾食租衣稅苟完足矣何用太勤工者治器械商者通有無皆巧者爲之吾智拙不辨於此倘姑試焉立見僨耳吾無事以藏吾拙且夫巧者以有爲爲巧拙者以無爲爲巧有爲者處其勞無爲者處其逸有爲者任其憂無爲者

任其樂吾固不知古人曲肱陋巷之樂何樂也吾且以無憂焉嗟夫桂坡所自適者如此其高標逸軌將不與採菊課梅者齊驅並駕哉余與公同里巷熟觀公之爲人於人無所不愛是以人恒愛之於人無所不敬是以人恒敬之閑居與溪翁釣叟棲遲衡門逍遥水榭濯清泉坐茂樹而已親舊貴宦滿黎涌桂圃閒相去且近未嘗干以私學士過者時與觀古書究奥義三杯微酡詠歌陶杜白沙詩數章不知其爲羲皇以下人也遇后輩子弟長者勸以早輸糧料少者勸以力農務本仕者勸忠子者勸孝訟者勸息是以人人得其歡心此其徊翔雲霄之外勢利固不得而

滓之而可用爲儀又豈小小也哉今年八月二十四日爲公七十一初度諸宗親朋舊皆欣欣趨賀曰仁人多壽公壽未有涯也惟是宜敷張其潛德於以爲末俗防於以爲頹流砥庶幾聞高風者有興乎余乃爲叙其槩如此公有子四人孫八人曾孫若干人芝蘭盈砌三郥大武廩膳生員泱科材也公之福未有涯也

賀總制陳文峯公叙

我大司馬文峯陳公起家巍科由御史督學揚歷中外所至有聲隆慶己巳陟廣東按察使況重持大體上下肅然時廣之羣盜如麻而捉人勒贖者在在苦之東莞柘林之

間嘯聚尤劇余弟與珉與千戶劉某輩一時被擄索贖金三千家人奔告公公喟然曰吾知此賊久矣贖亦殺不贖亦殺若以官兵臨之是促公子禍耳且吾非柄兵事者獨柰之何乃佯爲不顧者而夜召草莽雄鷙之士數輩授客計集勇士且千人出不意圍賊數重令間諜誘諭曰必毋害霍公子爾輩乃有生路因伺隙突入奪與珉數人以歸乃整陣而前擒斬賊三百餘人合省稱快焉自是以后公由楚藩陟中丞上卿司寇晉紳正笏羽儀朝宁而嶺表之望公來者不啻西蜀之於垂崖也壬午二月　聖天子軫念百粤特改公大司馬總督兩廣軍務葢自去吾廣迄今

一十三年矣士夫交慶父老歡迎公亦視之如家人子弟禮貌雍如也襟度豁如也詢民所疾苦而罷行之懇如也不旬日召前所用草莽雄鷙士拊之曰爾輩尚貧窶至此乎皆感泣叩頭因留置中軍令募勇士數百習水戰于崧臺峽江間人莫測其所以既而集諸藩臬將佐議與侍御羅聞野公　題請曰嶺外舊稱多盜然未有如近年者外倭內蛋結黨千百盤據波羅海面置造軍器刼掠商貨失今不治將爲莫大之憂臣職司總督當滅此而後朝食報可於是選將校集兵卒備器械具舟楫戒期公移鎮會城下令曰海以外惟副總兵白翰紀主之有賊逸者時汝辜

海以內惟參將楊爲棟主之有逸賊者時汝辜海以東西惟指揮趙昇王權主之有逸賊者時汝辜糗糧之備汛地之守惟各縣之長主之有匱乏疏虞者時爲各官之辜令既畢起揖朱副使曰兵巡重寄汝其覗師又指黄總兵曰諸將冠冕汝其帥師吾所教習草莽雄鷙勇士數百付汝衝鋒又申令曰火炎昆岡玉石俱焚茲役也止敘生功不筭馘級推官陳紹功汝往紀功各敬勗哉於是海道總兵以七月八日統舟師夜出波羅十日遇賊于獅石洋賊勢猖獗徑趨海道舟銃砲如雷總兵麾軍前援海道易小舟得免乃躬執桴鼓以作諸軍自卯至酉相持于百里海面

往來如飛總兵呼諸雄鷙士曰何以報軍門知遇恩諸士曰賊轉戰暮當至此乃伏舟于海岸側賊至伏發以火舟衝之煙筒藥吐蔽天士殊死戰賊不支乃大敗中砲中箭沉船溺水者無數會大風雨賊潰西北角夜遁連日追擊前后擒斬二千餘名俘獲賊屬一千餘名投降安插男女二千五百餘名嶺海震焉十八日班師飲至叙績諸將士追擒雖多乃不敢與衝鋒破敵者爭功朱副使自賞雄鷙士數百金於是衆始知文峯公知人善任勇智兼資眞匪夷所思也先是公申不筭馘級之令生獲者多公仍赦其脅從數百嗟夫仁人固如此哉夫智仁勇天德也公且兼

之以立功清世雖方叔壯元老之猷南仲振承威之烈抑何以加班師飲至合省士大夫下及耆耇相率踵門稱賀屬余致賀詞敬叙茂烈如此公神完氣充宴客坐談終日雖酷暑無倦色夜檢文書三鼓乃罷其精神運用又如此昔道士謂乖崖爲神仙中人公其儔歟

賀黃兩湖總兵序

議天下之事易任天下之事難任天下之事易成天下之事難成天下之事易成事而居其功尤難是故發言盈庭無敢執其咎築室于道衆議潰其謀然則任天下之事不亦難乎智者畫愚者掣其肘勇者憤懦者曳其尾然則成

天下之事不亦難乎萋斐織而貝錦炫其章飄風煽而鬼蜮肆其毒樹立愈茂多口愈滋然則居成功者不尤難乎是故古之英君義主必破狐疑之見以奬勳猷古之耆德碩彥必浮雲翕訿惟生民之休戚是肩是負以篤慶祚嘗平汾陽此其烈也我總戎兩湖黃公其今之汾陽耶公奮跡世胄策勳淸時南撫黔桂北循淮甸致位都督可謂盛矣萬歷庚辰承　天子寵命來總廣東之兵所統麾下親軍近萬人是時山寇海蛋在有竊發以公力芟之振落葉耳乃深居自重寻時時諷之曰何不一試公復書曰有職掌者各處叅游廵哨之官素無隻字稟承於總兵體統之

驟舊矣總兵若不預地方事者吾且獨奈之何會後山賊流刼鄉村兵備道謀諸公公一夜率兵親勦之餘黨乞降於是衆始知公之沉畧云歲壬午三月大司馬文峯陳公蒞兩廣公上封事曰廣之蛋賊爲患久矣失今不治必爲將來莫大之禍此賊結黨數千出没海島操舟疾如閃電入淵號爲水獺其强如此雖船居蹤跡莫定投托岸上豪家爲之窩主事露則賄買里排結曰良善其横如此耳目甚長兵廵府縣吏書皂卒無一處而無其人少有消息晝發夕知其狡如此被追急廹則捨舟登岸投入人家男婦擁護且譁曰妄捉平民而追者或得反坐其險如此是以

數十年來莫肯捕詰間有任者飛語危言遭中傷去矣因列其近年罪狀曰臥榻之患當早撲滅督府是之乃上疏請一如公議夏六月集兵選將自副總以下悉屬公調度公分布各將碁列洋海之內外七月八夜躬帥舟師與海道朱存公出波羅初十日遇賊于獅石海面賊勢猖獗徑趨海道舟公望見曰事急矣麾兵前援以小舟翼海道過巳舟乃更大戰自卯至酉賊大敗連日追北前后斬者縛者俘其男女及投降者餘四千人十八日班師可謂曠見之功也已計此賊據波羅巨浸中將百年議其利害者積案然無任其責者公既鋪叙其强横狡險之狀比大兵

集乃毅然與朱存老親討之何其壯也出洋海冒風波犯矢石何其危也鹵殘壽宿凡八日遂收蕩平之績何其速也旣獻俘而流謗果起曰是多已受招安者也是隔岸山民居也乃一如公所列狡險狀嗟夫坲涌在香山東莞番禺順德之交四縣之豪傑非寡也通省之全力非弱也選卒勁兵林林也糧食器械非乏也乃數十年無任其責者今旣掃蕩底績狡險者又從而播其喉舌以撻國是甚矣爲賊耳目爲賊心腹者不可不深爲之圖也向使公不先陳飛語危言之說制府不先以公說　上聞則汾陽之於安史營平之於西羌戢奏議上而紛紛者隨之幾何而不

使英雄𬙊體余以是知成功之難成功而居之尤難也公遇事早識而臨機勇決類如此今天子神聖明見萬里特重公功賚典隆渥晋美康侯師稱長子斯之謂矣先是凱旋飲至鄉士大夫約張樂備物為公賀公閉門退讓乃今天寵赫奕衆又率而趨賀公固辭不獲也禮成予為之序序曰公今之汾陽也願更畫萬全之策以奠裕疆圉斯其嘗平之芳躅哉

賀周鶴皋憲長遷浙江右轄序

余讀易書而知夫子見剛之歎近仁之稱深有以也乾為陽剛故六爻全吉坤為陰柔故惟二五當其純粹其餘若

履霜若龍戰人品世道紛紛然雜矣至於內剛外柔而爲泰內陰外陽而爲否則其抑揚貴賤尤昭然明白甚矣夫子之深於易也季世學士披經講藝居則曰我自立必爲陽剛君子如或知我我取人必其剛方正士及視其所以每每依阿趨附循默苟容尋聖門所嫉奄然媚世者而托跡焉其得志而用人也亦爲便佞面諛之是喜稍有揚眉吐氣直躬而行者多斥遠之嗟夫此其人品世道當何如哉我鶴皐周公以邃學古文中嘉靖已未甲科歷中外二十五年乃晉廣東按察使其立已也如山斯峻如石斯屹如冰斯清如玉斯潔何以明其然也宦轍所至行李蕭

蕭督三省學校英才成就如麻大開門墻風淸弊絶無干以私者是其驗也其與人也如春斯温如日斯和如雲斯覆如澤斯潤何以明其然也士大夫進謁者必於當日造廬答禮貌恭色和咲語移時通家子弟尤加敦誨是其驗也其治政也如風斯行如雷斯厲如電斯閃如雨斯沛何以明其然也蛋賊稔惡司馬征之戒令生縛恐濫及也乃其中猶有玉石俱爍者極力拯恤所活無數仁人之惠溥矣推府知縣近世代巡多托以偵上官之長短上官每曲意循之政之不經刑之不中無平反也公遇事便便瑯瑯參駁不少假借洗冤澤物嶺海攸賴是其驗也公之光明

正大事事可以師表庶僚儀刑後進眞夫子所謂無欲而剛大易之稱陽德君子者矣張荆州作相公鄉里也公徘徊仕途十年不躐進半級張相没以附黨廢棄者如秋風之振敗葉公獨無片言波及中流砥柱非至剛孰能與此今兹晉職浙之右轄一歲再遷藎輿論定也公之行也我邦人士相率稱賀以賀辭見屬余固知公之淺也廿年附驥不敢固讓公從此贅　皇圖翊天步爲蒼生錫無疆之祉其舉賢用人也必剛正之士無疑易有之同聲相應同氣相求拔茅以彚保泰之善物也敢以是爲賀爲祝

賀楊遡川公遷雲南憲副叙

余讀唐書至郭汾陽事未嘗不三歎也汾陽再造唐室功業蓋世千載下談及者尚欣欣然企羨之乃當時授任之際何其左也每國家有艱大之變舉天下之半而委之及事平則又置之閑散向非汾陽偉度浚識安能從容委順以樹駿烈於當時流鴻聲於永世哉我公祖邇川楊老先生以邃學雄文起家進士敭歷中外踰三十年化俗似文翁綏民似垂厓陳謨似陸贄諭賊似韓愈而中間遭遇乃有大似汾陽者方公之為御史也理都下之輪攬廣服之鑾鐵肝白簡風采凜然至比虜向潞河督軍運糧入倉遣糧船四散虜至無船以濟幾何賴安此其倉卒應變機謀

立就尤爲　當宁所重是陟京尹道大行矣乃以流言遂碩歸林下數年起官東浙適有兵變辱及撫臣三司閉門會城岌岌矣公挺身造叛兵營兵皆張弓露刃怒目向公公曰我驛傳道也軍士糧餉非我職司我不過爲安國安民安爾等來耳爾等曾見留都軍士爲變今有一存者乎曾見大同軍士爲變今有一存者乎　朝廷之法不可輕犯爾等各有妻子各有父母奈何逞一朝之忿以妻子父母仰賴之身陷叛逆大僇若聽余言咸保即安衆兵聞言皆咨嗟涕泣投刃叩頭曰我等今進退兩難願得續命之賜公乃與約不得干犯官府不得淫汚子女不得焚刼

民居准爾自新梟唯唯聽如公令不半日銷莫大之禍闔省帖然公之功也蓋公忠信惻怛狡悍獻誠而勇奪三軍之帥則昌黎不是過也功巨而報未食又偕梟俱罰騏驥與蹇驢齊驅伯樂果安在哉天之將付大任於是人也必使之歷試諸艱習熟而老煉之蒼蒼者之屬意於公其在於斯公由浙而閩而廣所至以仁慈誠懇乎于兆庶深山窮谷莫不感化歲在乙酉程鄉賊劉青山聚集各縣齋徒作亂開旗殺人遠近騷然公購其黨得數人一以諭浙兵者遣往諭之解散大半有怙終者懸重賞使自相擒斬旬日而渠魁就縛地方底寧督府上其事以公功爲第一號

曰諭散黨徒民免罹於鋒鏑討縛元兇兵不騷于村落蓋實錄也其中沉謀碩畫有非筆札所能旣者夫公儒者也不可擬之汾陽然靖多難而社稷賴以爲安拯水火之民而措之袵席投閑置散而不愠單騎見虜而不懾片言曉之而俯伏羅拜誓死不貳此則有大相似者今　聖主在上明見萬里之外所以待公者將如汾陽之位極人臣無疑也公程鄉之功未上先陟雲南憲副邦之縉紳餞於江滸屬余致言余曰滇中尚有邊鄙之儆又將借公單騎矣公曾爲余言治亂持危以好生爲主余曰旨哉西南夷尤當治之以不治治之以不治者古之道也書稱荒服夫荒

服者以荒服之治治之古之道也見羅公今之好古敏求者偕在滇南諒相與行古之道也余何言

賀香山涂父母太夫人六十一序

予觀古今大丈夫立身揚名顯赫當時耀聲光於無窮者未有不由内則聖善昌之孟母之於子輿歐母之於永叔其凡也我父母涂斗陽公以承家之學華國之文舉名進士　朝廷念香山濱海爲廣州南門慎選其人而公膺簡命乃奉命太夫人以從一再歲間政善民安風清弊絕遐邇欣欣相慶矣兹丙戌七月爲太夫人六十一設帨之辰鄉士大夫以及學校師生閭閻耆耇爲詩爲頌謳歌四達

慶夫人之有子也慶夫人之善教子也慶夫人之善教子以大有錫類於我邦家也慶夫人之善教子以大有錫類於我邦家以自貽平格之壽也於是星河何君輩走三百里謁余山中徵賀章焉予故香山之附庸氓也間歲一至香山覩斗陽公之治政甚熟也香山古在大海中百年來淤沙日積頃者淸丈出浮田數十萬畝例不陞稅不納餉使稍桀指其中入當不貲公視之漠如也澳門番船外國寶貝山積皆縣官司其榷課使稍桀指其中入亦不貲公視之漠如也比入覲乃稱貸以往其淸操有如此至於興學校育人材繕黌宮脩城郭諸凡經畫指顧立就賭博盜

竊絶于鄉落糧料徵泒吏書鮮得高下其手查革冒濫優免歲減丁差千餘兩種種善政難以枚舉其明作之才優乎戚總兵遣工畫澳門地圖奸人教誘番夷勒兵將爲變公笑談道之一時解散此事尤爲當道倚重凡皆奉太夫人之教以大有錫類於我邦家也凡皆奉太夫人之教以大有錫類於我邦家以貽太夫人乎格之壽也夫人之福將如川之至乎將如松柏之茂乎將如南山之壽乎夫人有子九人諸孫林立皆瓊島珠樹斗陽公其第二子也詩有之燕及皇天克昌厥後邇年　朝廷念民社重寄凡守令有顯績者褒封先至太夫人之善教斗陽公之善政其

爲顯績不旣多乎鳳冠霞帔繩繩繼繼從玆以往一命再命三命益未已也詩有之荷天之寵百祿是總又曰受天之祜四方來賀于故香山之附庸埏也不能自達於君侯附於諸君

貞烈後叙

近有遺余曇陽傳者余初觀之以爲此必韓文公所痛謝自然者流或爲飛精鬼物所憑耳旣又以爲高僧不死魂遊太清復應緣於千載之下益滯於迹者哉反覆觀之及於始終爲殉　郎事乃喟然嘆曰嗟夫三綱者天地之大經也脩眞書以忠孝節義爲上品仙料立造眞境豈欺我

哉凡爲臣者以身殉君爲子者以身殉父爲妻者以身殉夫皆一刻而躋天堂與天地同悠久何爲其然也蓋眞丹在必必成則丹成丹成則道成軀之捐也如蟬之出蛻精神不在蛻也方之妻譚之女也于歸五載生子百日而夫亡守節七年有欲奪其志者竟以死殉義嗟夫夫亡七年矣兒長七歲矣在堂之姑垂白矣撫幼子養老姑亦可已矣乃竟以死殉義豈丹成已久耶蟬方出蛻耶一刻而躋天堂耶與天地相爲悠久耶諸學士大夫聞之爲詩若歌若詞若賦若傳若序哀之也亦彰之也傷之也亦揚之也嗟夫若夫人者旣立造眞境矣不必於哀亦無用於彰不

必於傷亦無族於揚紀其實以翊三綱維世教斯其可耳或曰是與吾儒之說將無異乎曰知死而不亡者可與言性矣是則同

送南海父母段帶川入覲序

余以乙亥冬行南康登匡廬泛彭蠡歷饒浮之墟嶮嶽巨湖侵霄漢而絶地維令人神視駭愕乃喟然曰嗟夫山川之盤薄如此奈之何不世鍾奇異申甫淸時也余旣返初服閲壬癸薦書則湖口帶川公登高第焉　朝廷以帶川公夙學醇德特簡授我南海公之涖南海也以禮士夫無有不恪以待僚屬無有不誠以董師生無有不勤以恤里

士甲無有不優以均賦役無有不平以慎出納無有不肅士民益嘖嘖稱長者事持大體分任庶職各司其務獨總其綱而責其成有緩怠者姑諄諭而徐誨之亦無滯牘士民尤嘖嘖稱長者自張荆州柄國政苛體數然天下士尚凜凜然遵守官常迺年以來多放肆越紀簠簋腥臊公獨以清脩自持錙銖不染盍飲南海一勺水耳亦間覗傍縣所爲但微哂焉嘿不出一語士民尤嘖嘖稱長者時以事廵行鄉落稽其保甲察其奸慝詢民疾苦而剔除之延見高年而禮貌之窮鄉委巷有不可輿者易馬以造黃童白叟擁車從以睹漢官威儀公令皂隸毋呵也人士尤嘖嘖稱

長者曰眞交毋哉治南海二年庭無過句之犴鄉無吠夜之犬郊無食苗之鼠賦無毒噬之蛇政通人和上下交歸德焉時當入　覲乃舉其蹟最以報于　天子我鄉士大夫趨而賀之未已也趨而餞之未已也又趨而送之江之皐未已也乃謀贈之以言且以屬勉齋子勉齋子喟然曰嗟夫余觀世所稱循良者何其左也奴視里老上皂卒而下其人民敲樸之血滿堦墀〃以奔走奉承精悍滑黠得名譽而閭閻憔悴無路赴告也帶川公之蒞我南海忠以予之慈以燠之惠以周之和以普之二年間無疾言遽色非但鞭撻鮮加而已仁聲實意所以深入人心者固以此

哉古稱不易近民民必覩之程伯子所至書視民如傷于几案若帶川公者葢有之矣今　天子方厲精治理天曹將求眞循良長者以風天下以當　上意以申甫淸時公其首稱内召且至我南海其能久淹公哉此廼路人口碑謹擬拾爲贈

西山新政錄序

西山新政錄者錄新政也山藪新闢縣治新設郊圻新畫民夷新附學校新建稅額新定凡所以撫綏而經理之者皆良工苦心爲之剏始故曰新政新政之有錄自吳侯賓陽公始也錄分上下二卷上卷自定疆界至開新路凡十

五章下卷自倡風化至立學田凡二十三章政之善經大都備矣勉齋子讀之既歎曰古有之德惟善政政在養民養民之具曰正德曰利用曰厚生唐虞之治不過脩此三者今觀玆録若處錢糧若定田租若禁科歛庶幾厚生者若脩城池若便農商若備凶歉庶幾利用者若舉鄉飲若飭學校若立學田庶幾正德者循是道也舉荒服而中華之可也古有之善作不如善成善始不如善終自設縣以來屢更賢尹撫摩而鞠育之至吳侯而綢繆之功備可謂善成矣嗣是以往其念作者之殷勤纘戎功於勿替九溪遺氓其永有寧宇乎是吳侯輯録之盛心也爲之叙

賀香山涂父母太夫人榮封序

皇明自洪武戊申迄今戊子二百一十多年世泰時清民康物阜由西漢以來未見如此全盛者正德嘉靖年間閭逆民流南倭北虜時有小騷隨即殄滅比今　上改元晻酉稽顙海寇絶跡西域貢琛蓬島執玉九溪十寨古田綠水祟山邃谷之氓盡爲編戶商旅行萬里不持寸鐵嗟夫可謂極治極治者矣

聖君賢相軫念元元尤重縣令之寄申勅久任需其卓異赫奕然后入補天曹都諫又察其勞多績著者先加　褒封其所生若此乎恩之渥也凡以體人子罔極之私也凡以報循良無疆之惠也惟我父母

涂公專城香山四年餘矣其始至也奉俞太夫人以從夫人性甚仁甚惠甚忠甚敬甚儉甚約公之爲香山也諸所設施一守太夫人庭訓以於昭海隅善政難悉姑以大者言之若脩城池若葺學宮若清徵收若飭保甲昭其仁也浚霄有閣天瀇有橋里甲有優災殄有恤昭其惠也禮下式體優免式度課士式規評文式軌昭其忠也祀享惟嚴師友惟恪簿書惟謹出納惟明昭其敬也服食不侈交際不瀆宴筵不縟聲樂不備昭其儉也動則儒行學則儒真文則儒雅質則儒素昭其約也四載政成駿聲具達撫按屢上其事于　天朝廼申　褒封于太夫人自香山以至

旁縣士民咸欣欣然有喜色相告曰曠見之典是宜賀於
是二尹吳君某學博某某偕鄉之進士備述侯偉績走南
海山中委賀文於勉齋子勉齋子曰余固治下之遺老也
願從諸君後偕將賀事惟諸公之稱侯也淺請言其深諸
君之述侯也以其易請言其難者何則香山之有澳門人
皆請厝火積薪將有燎原之慮侯獨以爲島夷弁服夏書
有貢顧內治何如爾乃簡戎卒杜接濟補屯田閱軍實屹
然峙長城於滄海番夷竊窺知有備帖不敢動此其保障
廣服豈止一邑之功哉凡番舶抵澳必一二月官府乃爲
盤驗抽分番奴坐困不得以貨易粟每厚賄䝉事以救飢

餓利歸積滑而夷人怨苦矣侯每遇船至卽與盤驗不留時刻或勸少遲當有不貲之入侯叱之或曰入陶朱之室空出奈何侯笑而不答也是役也上下咸側目鮮有能潔其身者乃侯四年間凡幾抽盤無銖兩之染上不疑而下不議島夷敬若神佛召則至叱則斂欽欽然叩首階除屛息而立此豈但武備脩而預備素蓋淸白無疵德威之感也是可不謂甚難者哉侯時入謁太夫人太夫人每舉史傳語謂曰聞以善養不聞祿養今旣祿且榮矣尚終惠于邦之赤子以隆報　天恩侯再拜稽首曰謹受教於是二尹博士偕諸進士再拜稽首曰太夫人有嘉訓我侯承之

太夫人永綏福履百千斯年又再拜稽首曰我侯始自今受聖天子寵命錫福四海太夫人彌壽彌祿百千斯年勉齋子與暇又再拜稽首曰茲惟聖天子軫念元元之鴻休哉保世滋大之丕圖哉時永清哉世永泰哉於萬斯年民永康哉太夫人永有慶哉

弼唐龐先生遺言序

古今言學者不出聖門四科而已曰德行曰言語曰政事曰文學至於脩眞理性兼總條貫則以德行爲歸而他非所班焉夫子固曰文莫吾猶人也躬行君子斯之爲美又曰古者言之不出恥躬之不逮也嗟夫德行豈易易言哉

三千之徒究竟大成不過爾三君子其次若由若賜若求若赤朗識英才照耀洙泗夫子皆不知其仁雖雍之簡參之魯亦未許焉惟顏子之學獨屢見稱觀中庸服膺之云大易不遠之復固可槩見至問仁問政兩章舉邃古以來天德王道之全付而畀之嗚呼斯所謂聖學之統宗哉我朝洪武之初五星聚牛斗永樂中又再聚牛斗占者云海濱鄒魯又云星臨雪應黃雲紫水之間當有異人出焉成化宏治間白沙先生生於江門紹洙泗濂洛之傳甘泉湛師嗣之浚源衍流一內外合顯微兼大小貫天人渾淪磅礴一洗末學支離之弊淳如也我粥塘龐先生晚立門墻

領袖多士具體實踐大勇莫則其大勇也譏訕不能爲之
惑勢利不能爲之挫千人沮之不能爲之摧衆論排之不
能爲之變荷大任重屹然狂流之砥柱也其實踐也不以
一長自滿不以一善自矜不以一偏自安不以一息自懈
行無細而不謹事無小而不不親同方合志書無遠而不周
樵叟山翁人無賤而不敬詩曰溫溫恭人又曰夙興夜寐
無忝爾所生先生蓋有之矣其具體也愈宏博而愈細微
愈高明而愈縝密愈寬裕而愈沉着愈應用而愈精神儼
祗承於先覺抗師範於后人講堂精舍藏脩麗澤之規一
循甘泉師翁遺矩也嗚呼卓矣其政事文學出於達行之

小試日用之酬酢順施妙應遠近奕奕然公皆謂之緒餘觀其志稽其行直欲追若虛若無之芳躅嗚呼此可與知者道也何古林公謂取友天下少見若人而以聖門中行狂狷之間處之其然哉其然哉先生沒之四年門人集其平日講學教人切已務實之語約爲遺言其於內外之一顯微之合小大之兼天人之貫皆在此書矣瑕游先生門聆函命者四十多年一言一話皆自躬行實踐中來也薛文淸有言聖人作經皆寫其身心之實讀先生遺言者當於是求之

賀祥岡先生壽序

祥岡梁先生自三十歲授徒傳經至今壽七十又二年矣吾族有父子兄弟同受業者吾鄉后輩凡識一字知一典故者無不在先生門墻出也瀾石黎涌石碏佛山桂圃登洲等鄉近世舉子魁元甲省名天下乃其子弟負笈來學者如水赴海古書奥典凡經先生指說皆洞然明白諸弟子出而中有司式者科不絶人其緣青衿游泮水者林林也瑕自八歲從先生游十三歲偕先生京師侍先尚書於玉河十五六歲偕先生游學南都之椰樹灣至今四十多年威儀容止如一日其所以正衣冠尊瞻視者愈老愈自檢也性地寬洪質任自然未嘗過爲矜莊與人恭而有禮

發言徐徐和氣滿容故學者尊而信之悅而安之先生之居鄉也與父兄言勸之慈與子弟言教之敬與耕讀言導之勤與力役者言詔之敏鄉黨皆敬重曰梁先生眞人師云先生嘗爲瑕言曰我少時從鍾先生學精研講貫所得爲多后從文敏公玉河柳灣間殆三四年天人之秘道德之微朝夕聞說始渙然也先生其大成者哉先生年四十五始得子名之曰礐號碧潭甲子鄉薦中式第二名人咸嘆羨曰天之報施吉人久而愈篤如此先生之厚養葆和遐齡永世碧潭君紆朱曳紫黃閣濟蒼生先生當親身見之也

傳家節操爲政風流卷　有引

玉屏九弟生兩歲而先文敏公辭館舍自少不勤爻兄卓然苦學登庚午鄉科二十年遵守家規以訓廸子弟遠近敬而信之今拜職分宜問余所以治分宜者余曰勉哉率而忠敬何上之不獲率而和惠何下之不安率而介慎何譽之不永率而謙冲好問雖天下可也抑先文敏公耳提而命我后之人多怠於敬承余亦萬得一耳姑以見諸行事數端錄爲小卷其先曰傳家節操其次曰爲政風流皆畀畀無甚高論然行

遠升高或基於此玉屏其時覽之哉

先文敏公語倫白山云後生初進最怕失足權門他日能自立者其與瑕哉余時年十六志之心也比介溪爲相庚戌之歲余游太學八月虜犯古北口余便便談兵事張甌江拉余見嚴東樓杯酒中甚歡辛亥甌江忤東樓謫外從此疎斷癸丑丙辰兩赴春闈湛甘泉師皆有書附致介溪余每於出榜後托友人致之已未得第觀刑部政既取選乃造西城翁衆中執余手曰數時何來久不見爾瑕曰連月兩潦不克趨侍翁曰不須說我知爾此意此意甚好既又曰今人多以兩衙門爲美秩且作

縣三年當相授也暇遂謝先是余名在三甲一百一名取選當作次選之首東樓欲屈余附己乃與中書余不屈遂囑吏部勾選至一百五名暇得慈谿東樓語甌江曰今人謂多年閣老無能爲不知尚能作禍福甌江出笑語余曰似爲爾發比余至慈迺因進茶吏上介老書曰暇自出都門以來未曾拜隻字於門墻以爲元老終日終身躬握吐之勞以延天下之士者非徒望其奔走承順而已也將求其報禮之重也然則士之出入於門下而思自效者亦不宜止於奔走承順而已也將以重報禮也重報禮者自重者也自重其身乃可以增重於

門墻增重於門墻乃可以取重於台右云云介老得書大歎賞曰眞渭厓子也居無何介老譴罷被汲引者多打於一網余固翛然雲霄之外也徐存老柄事余以保薦起補鄞縣遷太僕入職方既而高中元趙大洲代相大洲瑕國子師也知瑕頗深中元入京時譚次川見之朝房首問曰霍職方到未曰已到曰多拜上余乃數月不謁中元既而與大洲談麗惺菴事大洲曰惺菴專一阿附天官宰相非正人瑕曰君子與君子爲朋小人與小人爲朋如徐老楊老瑕皆不在門墻之內然世以爲端人也有何大故大洲作色曰我與中元有何大故瑕

不能察言觀色類如此退復上書深論此事中云周公
謂曾公不過數語然千古相臣矩準實不外此且當其
時召公欲去懇惻慰留何則天下事非一手一足所能
辦相國家者休休有容而已自是兩相公以衆人待余
余亦求補外得廣西僉事矣中元譴罷被汲引者多打
於一網余又翛然雲霄之外也張太岳代諸老秉軸亦
知余每有心相援余以廣右考不及當調適　朝議申
調任之例但論繁簡不拘地方吏部以余原任廣西兵
備擬改江西屯田太岳欣然曰與例正合既而論張元
洲者波及余余遂又有不及之劾余從此飄飄來歸矣

余既歸太岳屢托黎瑶石內翰寄聲曰速來不半歲當還爾舊物余不荅又托王澄源中翰寄聲澄源至羊城約余造城聚語余不出付書數百言致首相憐才見招之意余不荅居歲餘荆州物故被汲引者多打於一網余又翛然雲霄之外也人之仕止久速大都天定然余始終遇諸元老無一不以國士見待余無一枉尺於其間及其敗也無一挂及於余每念先文敏公知花於根荄有如此余不敢負所期又如此六月時聞玉屏受職屢欲舉此相勉然玉屏踽凉勁正似出於余之上而和平渾厚有加不𠊱余言抑以誌家傳之緒云

先文敏公語余曰桂見山爲縣尹正德時內官用事氣焰赫奕有太監至境府太守下縣泒銀二千兩併盛供具夫馬以竢見山唯唯太監入境寂然手下横行縛而笞之縣中大譁太監且怒且懼不能奈見山何乃盛發於太守太守偵見山來謁伏壯士執杖數十凡十二年爲令尹不挫其志卒爲名和云余志之心也在慈時胡梅林提督行縣趣蓋馮尚書牌坊舊例泒之里甲計銀三百兩余申稱地方新遭倭寇窮民骨立請收回成命胡公頗怒袁巡鹽行縣趣蓋袁閣老牌坊舊例泒之里甲計銀四百兩余申稱地方新遭倭寇窮民骨立請於鹽

課解京內支銀監造誒有鹽院贓罰補還袁公尤怒他如會勘倭夷殘破地方申文錦衣衛等事大觸忌諱者非獲上之禮余之悻悻自好類如此大抵只以直躬爲主而不知通變非善經也詩有之在彼無惡在此無射庶幾夙夜以永終譽　右傳家節操

程明道先生終日端坐如泥塑人及至接人渾是一團和氣爲令視民如子從容告語諄諄不倦余每慕此至慈涖事里老朔望必起與作揖行各鄉舉年高有德者以單帖請造客館待茶事多洛之民情大通每行鄉落里長備午飯或生員或耆民作揖留坐共飯與論片時

所至村塾詢諸童生藝業如家人父子然

一凡錢糧歲派審丁既定必大書告示某圖若干某某戶若干某差若干某料若干詳悉遍諭旬月張掛民乃通曉奸書多通同地方張掛片時即收藏此弊不小

一凡錢糧編差之弊甚大今條編法行貧富晝一但山州草縣有已編徵銀如里長正役之外復有妄派妄票不時橫取必厲禁之

一凡里甲戶役寬一分則民受一分之賜予涖慈歲有支應銀三千兩省公務銀三千兩省夫馬銀一千兩省庫子銀數百兩皆其大者具在里甲均徭錄中其餘逐事

留心事事有益假如縣舊有馬二十疋歲派銀一百四十兩與馬戶養馬答應方倭擾時以答應不敷不徵前銀付里長自辦歲費不貲余既復養馬之舊里長稍甦一日軍門差游擊領兵三千來防春汛諸將校需馬九十疋勢不得不仍借辦於里甲里甲告曰縣中私馬四十餘疋每疋索銀一兩或二兩請禁諭之余曰前日坐員送學有用兩人轎者曰此亦里甲同辦一轎只三分工值耳余乃使語游擊曰春雨泥濘馬多倒跌不如肩輿比啓行諸將校爭取肩輿兹一事也乃省里甲二百金云又如軍門下令獵取白鹿府集五縣議之曰每縣

派夫二百名里甲雇覓限五日內赴點各縣請遲十日
曰里甲應役難齊也余曰請三日赴點出乃召守城兵
曰爾五百名者日食銀二分今春汎已過高坐耳每人
與爾行糧三升且有打獵之樂何如衆歡然争趨事計
一月餘日費行糧不多而里甲省金三百兩他類如此
一余初涖慈適里長新上役舊例保家十數人人保數里
一歲之饞嚼需焉余曰里長安用保不爾互相保結里
長大悅既而牌拘人犯喚里長不至命皂出喚皂曰無
保何處喚余乃硃書牌票曰貼壁仰各自赴審須臾里
長入曰非敢悞事皂人不喚耳自後有不到者多貼壁

小民可以誠感謂余不欲差人擾之了事更速耳

一凡縣中詞訟十九是戶婚田土耳只批里長查報直堂稟曰須掛號不爾里長沉了余曰沉了再來如和息勿來了何用掛號閒亦有里長循私者乃與轉批隣圖或耆老處息矣情重者自與一訊問罪發落

一凡皂壯拘犯有將牌票扯壞稱打奪者此膚愬也有十數日不銷繳者有犯人在門外三二日不容進者君門萬里之弊也須一一察之或令犯人徑自入稟或示令隨投文打卯廡下情悉達而公事易完

一凡出堂吏書稟事必令在捲蓬下高聲跪稟毋得近案

低聲犯者撻之右云一醮胡辣湯騙銀百兩此實事此實事切記可也

一先文敏公云審錄問事只憑畧節寃情難達葢獄情招由有與原狀兩不相對者語在兩廣事宜中爲撫按審錄發也近世乃司府亦看畧節假太阿之柄于吏胥小民何賴决卷牘雖繁然獄貴初情只須看原告一詞及卷末或前官初審口詞數語耳若縣官兩造具備里老干証具在一訊而白何以畧節爲

一凡錢糧毎里長出役必有實徵册實徵册到即當照册出單單限以五六限爲率毎歲正月即當分給單限近

日吏書沉閣單限五六月尚未給領或將實徵數目歲歲增減或比徵之時無單可考憑該房口以未完作已完以多欠作少欠朦朧欺罔職此之由以玉屏之留心民事老煉世故瑣瑣者不過一燭照一斧斷間語云采葑采菲無以下體不覺言之喋喋也

一凡地方盜賊如里老以爲賊鄰佑以爲賊族長以爲賊即焚香處之决不待時此王蘖谷在廣行之千里無夜吠之犬先公亟稱之故日國人殺之也近日姑息習成捕盜者多得後害而良民無以自安嗚呼非至明至健何以行此余在慈時以此上海道譚二華公二華公復

曰僕素性如是昨獲盜一起衆至十餘里族共結曰賊
即刻斃之並不用贓與仗也得來諭益足以自信云余
在慈三年無寇竊以此
先文敏公家書云子姪須做第一等人物占第一等地
步使鄉邦稱爲忠厚家稱爲謹慎家稱爲清白家稱爲
勤儉家稱爲謙遜家我望足矣夫風自火出者也政自
身率者也曰忠厚曰謹慎曰清白曰謙遜曰勤儉皆律
身之矩行政之本余所多愧願玉屏顧諟之也待吏皂
固宜嚴密然嚴密在寬和中故忠厚爲善之首云願玉
屏顧諟之也　右爲政風流

霍勉齋集卷之十二

南海霍與瑕著

十三世孫　有光　重梓
　　　　　世光

十二世孫進芳校字

書

寓南雄上湛甘泉尊師

拜辭台函之日匆匆不既領教之私懷抱慊如恭惟台下德彌盛而心彌虛年彌高而禮彌下已通極於神化性命之微而志彌篤名位祿壽葢世而取人之善彌周行已底於安安而恭儉之意彌謹此豈勉强然哉要皆台下至誠

無息與天同運自然之體如是爾瑕忝在戚末多奉德輝辱愛殊深受教殊至而性質愚鈍終鮮領悟雖蒙屢舉張東所不問不講之事諷切而督責之然瑕之所深體者乃在約言一書所深服者乃在台下無行不與之教天人之奥備矣道德之藴昭矣默而識之有餘師矣又念昔子夏篤信聖人孟氏謂不如曾子之反求也何則善乃天下之公理必實有諸已乃自得也苟於已無與雖日誦約言之要旨日覩台下之威儀亦且無益況復贅以喋喋之問辨乎所以久侍函丈而不敢容聲蒙督訓而終莫啓齒也奉違日遠惟思謹慎以毋負教愛耳伏願天錫遐祉俾台下

萬壽與斯道長存后學永有瞻依瑕不勝祈祝

上冢山郭尊師

承示惜陰圖月分三十日日爲一行日分十二時時爲一格自寅起至戌止每時講習必書誦讀必書作文必書應酬必書靜坐必書即日與弟姪輩遵行眞默檢身心勤勵自强之學泉師二業合一之教固如此從此以日以月以時以歲無有間斷即所謂勿忘毋欲速毋拘急即所謂勿助數日間覺比舊得力但恐久後放下耳草草布謝

又書

承教與令郎砥厲不敢虛度光陰山中清靜日覺長進所

示勿忘勿助今自點檢只是忘之病多係此日間再加一倍兩倍用功未是太過白沙祖師云義理儘無窮功夫儘無窮今惟時時惕厲耳填過惜陰圖格送覽

復書

云與犬子承示足見吾勉束勤勤懇懇日有不足之意所虛以愛人人心最要虛虛者仁之原程子謂心有主則虛所主何物細玩孔子發憤忘食所憤何事大舜見堯於羹墻所見何見學者須識聖人用心專一吾勉束此個志極難得在調停妥貼耳

又書

山中日日時時做惜陰功恨才力綿劣不足以副深期每日間逐念而察逐事而書只覺人欲分數多天理分數少甚矣氣質不易變也此心有警則靜專一二日一二日之

后又茅塞之矣甚矣二業合一之難也時趨大科坐泉師春風中則茅塞者渙然冰釋歸來又復妄發奈何奈何

復書　來書各言心事天理人欲分數又云二業合一之難此等功夫足見向上做第一等事之志老朽眞喜而不寐爲學之始如登高山起脚不免喫力若此志决定要到山巔從容行去可矣毋過拘迫太緊恐不能久

又書

昨游白雲馬上蒙教邵子美酒飲教微醉后好花看到半開時又云飲酒切須防酩酊看花愼勿到離披此理可玩處心處身處家處國皆當如此即是中道即是仲尼不爲已甚瑕歸而思之眞是至言深趣如夫子爲政三月誅卯却萊微醉半開矣祭肉不至即行若不行則離披酩酊矣

陽貨欲見以大夫禮來餽若不往拜則酩酊矣聖人處事皆止諸中遭非常之變亦只用中堯舜微許大事業盛極矣一到丹朱商均時便舉天下授之賢者若當時執立嫡子法則酩酊矣伊尹告歸周公明農皆不敢處酩酊者日中則昃月盈則蝕聖人知進而即知退知存而即知亡知得而即知喪此理真可深玩使半開之花微醉之酒常在胸次安往而不自得尊師以爲何如

答書云所見超出尋常亦甚的當吾壬午癸未年游京師會有志講學者不少無可畏者今畏子矣幸再加體認涵養存之斯爲盛德爲中道但恐知及而仁不能守久復失之耳

寄潘春谷

已亥冬月獲侍威儀一別十年音問斷絕仰止之私與歲俱積每欲憑托魚鴈寄書脩候而道之云遠鱗翼少便遂爾踈曠罪何可言京邸商李舍親得聞動定深慰宿抱不意令岳遽逢阨運惻愴奈何自先人下世瑕六七年間遯跡荒壠不敢來游　帝里今歲觀光復以踈才淺學自貽伊阻孤父師宿昔教誨之懃爲故舊玷奈何台右自庚子歸棲泉石俗情謂爲屈也然一紀以來靜觀世變生死榮辱萬態不同朝緩步於青瑣夕懸頭於都市家門破敗妻孥僇辱盖自公侯將相比比以然是輩雖欲牽東門之黃犬不可得視台右之考槃獨樂永矢弗過豈不天淵哉方

今　聖主振厲於上網羅豪傑驅策駿良將建周宣漢武之烈台右以張仲孝友汲董正直久養重望行卽升庸樹績當朝垂聲後世此其時也惟勉加愛重以膺介祉

寓樟樹上㴱塘龐尊師

瑕居燕一年又有六月無一日不念走金陵侍教誨領淵徽之旨訂經緯之謨奉勵迪之規爲歸棲棗處之弦韋也豈期晉拜非時自詒伊阻室邇人遠負此宿心仰止高山岑懷悵悵蒙令郎令姪嘉燕愷樂至今飽德領佳刻得覩吾師脩已正俗回淳之一二不知留都敷設亦有登梓者否此經自已規裁咸宜錄之家乘何如何如入夏兩月信

邇恒陽不甯近日何似想台右精誠感格必召沛澤甦枯槁也令郎文字滚滚然有决江河之勢早達人也羅泌泉亦是了事者不可以外貌質訥少之更得尊師朝夕切磋終當大顯耳少華楊公在衙内講習同方同術眞是樂聚更望以虚心實心兩端爲攻玉之具何如草率申候伏惟

台照

金陵寄王槐野翰林

久矣不拜君子之教注戀殊深維舟江干得晤龐師知台右記念先人及於不才者無限此古之遺厚也同舟共發勢若連雞不得少淹趨瞻顔範抱此耿耿其奈之何先集

一部寄上左右惟有以叙之實卷首之光重也與瑕無任懇祈之至

南雄上泉翁尊師

奉違模範洼仰亘深日對華章不勝兢惕切念尊師所謂六字風霆呪者隨處體認天理也風霆卽天理也兕者體認之功也羅浮之雲卽天理也與風霆同體者也神兕行而風雲起體認之功至而天理在我矣天理而曰雲謂其至虛而實至近而神天機以之而妙合萬品以之而流形也故又曰雲之爲物也觸石而起膚寸崇朝而遍天下使其不能發萬類則雷雨之動滿盈兩間百物何爲欣欣然

各形其形各色其色乎所以深明雲之可以狀道也所以深明羅浮之雲之贈之厚也第恨弱質猥孱多負明旣齋心未至神咒未靈靜也未能與太虛同體動也未能與雲雨同用游方域內徒爾悠悠設或天時亢旱下土龜拆松枯原燎萬口皇皇當路張壇祈禱羅致方術之士此時禹步登壇書符道咒百司俯伏烈日之下以迓神貺而雲雷不起雨澤不浹其若之何此所以時時戰兢時時惕厲恐孤吾師之厚贈也比行日遠依戀彌增茲因歸人敬申問候伏祈爲道珍重不備

與鄧鐵峯

悠悠遠别不接音容中心之懷何時可已兩辱書章申以詞藻陽春白雪令人難和藏之衿袖時諷玩耳吾兄儁異得天者多願加珍培以追大雅實友生無窮之祝詩之國風白文號義潛心其中以日以月優游厭飫應自高古下此則一十九章其佐貳也兄才近古故以此爲期非曰與瑕能之願同砥礪而已集古二首呈覽

啟贛州汪都堂　乙卯赴試過水西

向躡門下久坐春風縱論踈狂無所忌憚退而静思增其惶恐然而愛之樂之假之借之使不肖如與瑕者得以自盡則我公偉度抑又何涯今天下之弊莫大於上之人自

滿而下之人自沮自滿故渺天下之士自沮故不能說大人而藐之渺天下之士量不足也不能說大人而藐之氣不足也量不足者不能盡天下之才故其功不著氣不足者不能陳天下之理故其道不章然必上自滿而不求是以下自沮而不達然則欲來天下之善使超卓之見深沉之識奇至之謀忠篤之論雜踏以獻於吾前然后惟吾所擇取以宏功業是在上人而已有以容之故人得以盡其言有以發之故人得以盡其見有以孚而感之故莫不爭自靖獻以效區區然后天下之事可從理也是故天子必有狂直之臣而道始立宰相必有狂踈之士而德始尊將

軍必有狂豪之客而望始重何者其汪洋浩蕩從容休燠有以孚而盡之也嗟夫此舜之好問好察隱惡揚善所以稱大知于萬世也伊尹曰匹夫匹婦不獲自盡民主罔與成厥功在昔先民其盡人也若是自盡猶及於匹婦何況天下之賢才以天下之賢才共天下之功業宜阿衡之績專美有商而終有辭於永世也與瑕不才殆如匹婦我公乃容之納之不加譴詰則所以取善於微者豈有遺漏而天下豪傑獲甄收於門下以盡其用者不知又何限也是與瑕所爲惶愧之極而繼以踴躍也賢才之生豈有窮盡山川所鍾在出英奇隨地搜羅自足爲用或在有司之內

或在武弁之中或學校之所陶鎔或卒伍之所沉没識拔獎進以策事功是在上人而已詩曰愷悌君子遐不作人愷者懇切之懷悌者和易之氣作人者獎其善誘其良用其長以成其美也詩書所陳忽於我公而親見是與瑕所爲感激而踴躍也人之南指附寄涼悰

上冢山郭師

久違楷範動履多愆孤負慈規殊爲深重自三月下第翺翔國學日湮顏於塵埃之間脩省之功久成僨情奈何奈何國子師業趙大洲先生躬聖賢之學到任日出惜陰說强兵議與諸生作瑕以吾師惜陰圖說上之趙公許可後

又見先人文集所與吾師書柬皆以聖賢相期遂問吾師何人瑕答曰湛門之高第先君之老友隱居獨樂人也趙問吾師受徒否瑕以不曾對趙公云爲拜意須人已一體物我無間瑕云此意誠是但后學不相從亦難溥教趙云此又當求之於已凡自立而人不信愛人而人不親皆自養未至云謹錄大畧上聞此翁成就后學之意惓惓也游太學恒得聽教賴此不隕尊訓其益殊多冬間乃能到家侍側之期想在菊花黃后也

上祥岡梁尊師

家人回曾有啓脩問起居不審達否家中子弟惟勤教之

此處術士看與嬰命高甚云自撥出宗八府歷事日與諸貴公子流連光景可嘆可嘆八月十日　聖節過後九月初決南行矣近日國計邊事殊爲可長太息外間隕兩名將　朝中杖殺兩撫臣而北虜之在境上者傳聞有數十萬戸兵兩部措置不給玉食者皆圍棋飲酒度日每有論及世事只云大勢難爲或指深謀遠識爲迂或以衆訐諏度爲譟相知者惟以毋易由言爲祝只　至尊獨憂而已矣古云上下相循深可畏毀譽亂眞深可畏直言蔑聞深可畏賢人遁藏深可畏豈不信哉豈不信哉秋風漸緊鴻鴈南歸引望鄉關不勝馳念

寄梁雲端

離羣旅寄已轉週星日月如流韶華冉冉志業頹於塵路學術踈於久羈既負吾兄昔日期望之深又未得即赴歸來之約奈何奈何月入中秋邊關失守長驅日半遂及郊畿丼禦之師波頹殺僇之屍山積腥擅之徒雲集驅子女衣帛牛馬犢特而出關者水流焚燬之煙連西山而夜赤飛馳之檄塡比闕以宵驚　天子爲之震怒大臣爲之隕首入援之師羣於中制而撫臣反受其辜出迎之將怯於前驅而見虜毎隨其向人人有畏虎之心比比盡騎猪之輩可爲大咲可爲長太息可爲痛哭流涕也　天子英明

特甚惜所委任者一向匪人故國事之非日甚一日以至于今遂不可得三年之艾奈何奈何然醫國之手自有起死回生之丹古人云天下無不可為之時況今全盛但小小震驚耳吾兄試思所以為之之方子云如或知爾則何以哉草草

與胡都御史青厓公

前日伏承枉顧咨以時務在高明為河海兼細流之潤愧與瑕無涓滴答下問之勤惶恐惶恐切謂諸葛英畧獨步一時其所措立偉矣然考其行事之要亦惟曰開誠心布公道集衆思廣忠益焉由此言之成天下之事定天下之

功豈有出此四言之外者哉書曰用人則裕自用則小開布廣集所以裕也明公不以與瑕爲不肖辱咨詢之亹亹裕之道也伏望明公持此之心無有厭倦上自賓僚士夫下及軍伍皁卒人無不得言言無不得盡片善必庸小長亦錄則器使之下咸入彀御上下同心智勇畢力何功之不濟古者以中國攻中國技同術類謀有所不加力有所不施長鎗勁弩有所不得發相阨於不能寸尺進步之塲然后出奇以制其變此所謂危事也今夷狄浪戰之渠耳非若五胡劉石之擾遼金割據之勢大抵類漢初匈奴其長技十不及中國一二不過悍馬短弓撼陣擄掠而已愚

以爲制勝之畧固不可以易言要亦不可以難視也傳曰愚者千慮必有一得謹陳昨面談數欵冒瀆尊聽望隱其惡而包其荒則奇謀容計賢於與瑕萬萬者將聞風而效有不可勝用者矣

一國家制禦胡虜全用銃炮自永樂以來定制每歲無事亦造火藥今神機營是也日久法壞有費無實庚戌右北口之儆仇咸寧取火藥本營以煤炭夾雜應之幾致誤事甘肅不知邇年官軍該用硝黄若干銃炮若干第得銃干函銃子數千枚則一發可以殺數千騎最中國之長技也

一庚戌年京師出武庫兵器瑕從觀焉銃有徑五寸者長七八尺者有一函而六七竅如蓮窠者有四五竅如掌如雞冠花者眞利器也

一古云步不勝騎騎不勝車車者禦胡馬之長技也古兵車之制在周官者詳矣或以爲世遠事迂姑以手車言之庚戌秋武庫出兵車如今小車之制上立兩木牌每牌濶一尺六七寸高四尺牌面畫獅虎頭使馬畏不敢突也下拖鐵裙障兵足也每牌中開一孔發銃炮也大約每車可蔽十人二人司車二人司銃二人司弓矢二人司長鎗二人司劍盾行則爲陣止

則爲營千車萬卒雖數萬騎無能爲也然車遲騎疾故致人之術輕車突騎之用又不可以不講也

一書曰㨗以記之侯以明之此古人寓武事於文教之中所以長守安也自學校田獵武功官府罰罪無不貴射至於祀天格廟皆以射中者預事何其嚴也先子曰弓矢斯張干戈戚揚周之始基也決拾旣佽弓矢旣調周中興也載戢干戈載櫜弓矢其式微之階乎唐有爲藩鎭者專以射從政徭役能射則輕之小罪能射則原之凡百皆然不周年得精兵二萬斯暗合古人之意矣竊以爲甘肅邊鎭此法最宜舉行就

在督府倡之凡僚屬飲宴以射從事稍效古射禮文飾之施之屬邑盡然屬官或有私燕每廉而問曰昨日飲以射罰乎孰勝孰負乎加殷勤而屢省之其官職應奏保者射中乃保應參提者射中免寃吏胥同撥年均者射中先撥應問革者射中存留皂卒有犯應笞者寻十箭中一箭者免一板罪罰不應者寻十箭以中八箭者全免四箭者減半先詳為令布之境內行之如金石信之如四時不出半歲渙有可觀

一軍中教演有大明會典定制在人舉行何如耳每百戶領軍六十名分三總旗如每總旗名下軍二十名

十名射中者平過三二中者不及不及則笞總旗六十名内三十名射中者平過一二十名中者不及不及則笞百戸一月則笞二月則罰三月則停俸如千戸指揮所管百戸受賞多者同賞受罰多者同罰大畧如此不詳記之矣其他教習刀劒矛盾者盡然

一初立賞格不可太重重恐難繼凡射中賞者止於酒殽兼以好言激厲之自然鼓舞其軍職稍尊重者自爲酌飲之自然鼓舞古云民可近不可下岳武穆凡將行軍必召將佐列坐歡飲人人盡所欲言衆議旣定卽行之不疑故舉無遺策葢將軍與士親也王陽

明在贛州將行軍必以牲酒親赴關王廟躬拜神畢親酌將官而遣之凡兵卒走遞文書每召至膝前細詢慰之或以所飲酒賜之其平易近人如此

一古云未嘗借材於異代瑕今亦云不必借材於異方如前年淮浙倭寇調兩廣兵以救之今寇至惠潮則廣兵宜自衛矣乃又奏請別調客兵此瑕所深疑者也廣兵自可用但上下之情攜畢尊之勢隔賞罰之信鈌授任之統乖是以志士握腕勇夫解體今乃不思其所以而客兵焉是望計奏請調發當在半歲之外民其糜矣今有失火者或教之取救水於十里之

外則愚夫知其爲笑談何者緩不逮於事也昨蒙教西事高明已炳其然矣甘肅兵力非瑕所知然天地生材豈有疆界况邊城朔野其風獷悍豪雄鷙烈之士宜多有之與胡狎處諒亦不深畏戰鬬之害誠能招而集之循而撫之聯而絡之掖而振之獎而率之簡而稽之擾而習之胡虜不足平也瑕觀宋南渡之初孱弱甚矣而宗澤起於簿尉世忠奮於軍卒武穆發於行伍皆能秉鉞分麾將十萬而虎視中原由此言之英雄之生誠不可限在識拔委用何如耳瑕謂宜時時以此意待士時時以此言厲衆開之以誠接

之以禮受之以虛容之以量試之以事定之以功則彼之有抱負者豈肯隱心惜力以孤知遇之厚哉書曰能自得師者王謂人莫已若者亡老子曰善用人者下之此至言也惟我公之留意焉昔翁東涯在北開府延賓登堂拜游豢之毋入幕之英常有數十自募精悍死綏之士在麾下者五六百人故所建立一時稱良焉東涯丁內艱瑕謫於京師適有麾下卒以武舉生至公下階挽之升堂執手叙談慰欵良久瑕後數日與武舉者論邊事及與射於郊亦平平耳而翁禮貌之如此趙太洲云翁老善用人凡此類也

一瑕聞元山云鮑兩廣善任人開誠相與凡有事委付二司即云此事專托公矣勉之第竭心盡力勿患予有一二之見肘曳之弊也一時授任者皆得自效惜在廣不久云

一召募之法王陽明在贛州設格以强盜殺人爲上盜竊次之屠酤賭博爲下分三等厚薄廩之教武藝而勤試之三月后又爲之品第優劣而進退之故兵精而事舉瑕聞之父師如此云岳武穆召募有善走者以日走三百里爲上二百里次之不及者不入格有善負者以三百斤爲上二百斤次之不及者不入格

有善挽弓者以十五力爲上十二力者次之不及者不入格大畧如此瑕不能識其詳要之武穆之法所謂貴精不貴多者故能以八百破十萬蓋所聚皆豪駿也麾下親軍誠不可少此等輩哉

一盤庚王者也遷都之時進士大夫於廷下及國之耆老皆與商話利害其休戚一體如此古之道也后世有官守者自視太尊視民太卑鄉士夫且隔絶之惟與吏皂共事百姓則魚肉之耳無怪乎事之不立也王陽明在吉安聞宸濠之變起兵討逆與知府等職領衆趨南昌留佐貳守城恐不足以一衆志也迺敦

請在城鄉宦老成者數輩入府衙居住有事會議施行此安衆之雄畧哲人之遂謀也甘肅士夫家居有行誼者若干人富豪可以糾率鄉里者若干人無事時皆宜物色而潛識之或文以鄉射之禮請相見而振翼之一旦有急皆獲其用者也

一西戎與北狄風土稍異西方耕獵並作部落土著非若北之逐水草而專畜牧也今北虜西侵諸部震慴所謂胡越同舟正吾可以有爲之秋誠能隨方處便恤患捄災予之以恩結之以信則内外同心華夷僇力保安之道也因以其暇脩保伍稼穡之功使流離

復業游蕩歸農又久安之道也貧可使富弱可使强此充國所以制先零之儆而振金城之旅也豈今人不古若哉患實心實力有未加焉耳　右瑕陳數事畀畀不足觀聽聊以爲集思廣益之一助瑕聞之天子必有狂直之臣然后其法始立聖門必有狂狷之士然後其道始尊將軍必有狂踈之客然后其功始著苟上之人曰彼狂士也吾厭聞其語下之人曰我狂士也彼不我屑我且緘口焉則上下判隔誰其來過此孟氏所以有士止千里之憂也瑕不避狂爲高明之恕其狂焉臨楮惶恐

上湛泉翁老師

三月終曾有書付李舍人候問興居想達左右矣近馬上人來詢知動定康吉爲吾道慶方今天下學術入異流者多矣痼矣非特陰用其說且公然以相傳授曰某佛經不可不玩也眞妄淆而邪正混世道其可憂哉此事不可不辨又不可以力而辨惟守正以俟之耳所深望[illegible]天佑斯文益吾翁以無疆之壽長爲[illegible]我后往小子子孫黎民均受立命之賜瑕[illegible]無任瞻[illegible]

上蔣岡溪尊師

維此暮春鴻鴈于飛言念君子懷之[illegible]維夏諒

亦既覯止矣楊柳依依生于道左彼都人士式歌且舞求其友生飲酒孔嘉而瑕獨行踽踽入則靡至嗟我懷人山川悠遠欲往從之自貽伊阻凱風自南出自東門遠于望之悠悠我思念彼碩人德音是茂樂且有儀遐不作人兄及弟矣教之誨之心乎愛矣毋金玉爾音

平東廣倭寇議　丙辰下第寓京師

瑕聞古者邦有大事自公卿大夫庶僚庶尹下及國之耆民咸得進于王庭各話其意然後採衆謀所同者行之故慮無遺策而舉無僨事古之道也方今倭夷橫發東南破殘濟濟羣僚靡經憂念竊以爲此非痛養相關之義詩曰

莫肯念亂誰無父母瑕廣州之庸也寇及惠潮實爲父母之邦既不能出身以除殘復不能矢謀以制勝上負國恩下遺邦族恥孰大焉是用忘其庸陋上議數欵以備採擇畢鄙之言無奇深之策然於民情土俗稍有便宜伏祈優容採納以來俊傑則集思廣益天下畢力何功而不濟

一近閱報見廣東以倭寇殘破惠州府地方止恭通判一員此飾誣以塞責者也廵撫提督兵將親臨惠州不能靖寇時則分廵兵備道海道叅將等官俱在委任豈所用者止通判一人耶今皆互相容隱委罪畢官刑賞如此何以使下此須敢勘要見倭寇所殘地

方委係何人守禦通判當時領兵多少駐劄何處兵備領兵多少駐劄何處叅將等官領兵多少駐劄何處地方有事各官如何不見保障通判失事各官如何不見捄應若各官領兵坐視通判不捄則各官何心者也若各官束手盡付合省之兵與一通判則各官何爲者也且通判小官也如不堪用當先時處治如有誤事當臨時處決此有不待叅奏者今止叅通判而各官無事又何爲者也合將分廵兵備叅將等官重者革職輕者駐俸各戴罪殺賊以勉后功庶幾法有必行之信人懷嚴憚之心士華苟且之謀事有

慎圖之望同心一力寇可弭而民可保也古人高坐廟堂而明見萬里運籌帷幄而制勝四方凡以持此紀綱之柄也因循姑息之弊在今日不可不痛革也是萬民之命也

一廣東巡撫以倭寇爲梗奏調客兵採應此支吾之策也前年淮浙被兵曾調廣州兵採之謂其强可使也則今日惠潮被寇宜廣兵足用矣乃有不支之患而紛紛於客兵之望計客兵調發當在踰時之后民其糜矣廣兵自足應敵但上之人不思所以用之之術是以知者莫肯謀勇者莫肯奮耳且海濱之民疲弊

甚矣官司之所困征役之所窮富豪之所侵債負之所折怨入骨髓有思亂之心久矣今强寇在境不亟捕滅勢當內外連結蔓延滋大事可深憂瑕以爲客兵遠難致且路遠而費必多今以餉客兵之財而爲募土兵之値無不給者土兵盡收所以寡敵之黨土兵甚近所以急民之救此計之得者也瑕又聞之千兵易得一將難求欲得土兵須任土將蓋官司之所召募多市井龜縮之氓土將之所收羅乃江湖鷙烈之士彼其考其平素觀其技藝試其膽畧簡其材艮汰其傯劣足其廩賄結其歡喜故爪牙精悍見敵而

爭先也今之爲將者武職皆世冑竊祿之徒文職亦
捕盜文墨之輩遠民不親而選兵失實與吏爲政而
給値不敷故游惰受賤値以應募毎臨事而多債也
然則將之得失其明效爲可知矣欲求本土良將必
有大度大識大恩大禮出於尋常之外則將材至矣
天下豪傑其生也無涯其伏也無限或在草萊之間
或在卒伍之列或在卑官胥吏之內或在魚翁釣叟
之中碩器長材無地不種顧搜羅任用之何如耳昔
宋有中葉之難宗澤出於簿尉世忠起於兵卒岳飛
奮於行伍皆能將十萬以振皇靈今天下豈少此輩

哉而方面大臣未嘗虛已禮下彼無以自知固安肯盡其心無以自效亦安能盡其力志士扼腕勇夫解體職此由也昔韓信獲李左車因其一言之善耳乃北面師事之劉備之於關張忘形結交以共濟大業英雄下士大抵皆然近翁萬達在邊親執驍卒之手與之細論心曲登堂拜偏裨之母其過人之度如此故所建立一時稱艮焉竊見廣東順德番禺香山新會多有總甲或土豪或艚船之長年三老勇畧超羣屢經戰陣數年以來海之獲巨盜者每出此輩而巡撫分巡等官全不加重惟奴隸視之有功不過行縣

花紅犒賞而已此袁術待趙雲之故智以爲賤卒不可與爲禮也暇以爲仁義之心無貴無賤人之戴恩甚於戴賞吾苟以非常之禮下之虛心以詢訪之推誠以委任之有勞又特本保奏之虛不次之位以待之則彼感激鼓舞之下孰肯隱心惜力以孤知遇之恩此所謂士將者也

一王陽明提督贛州在吉安聞宸濠之變與正印官領兵趨建昌卽敦請在城鄉士夫之有行義者入府衙暫任協守城池此哲人之遠謀靖民之宏畧也鄉民得本地士夫在府如子弟之有父兄當道得本地士

夫在府如形骸之有耳目下情得以上通奸狡有所儆懾自然鎮靜保無他變者也廣東倭寇橫行而士不用命者抑何故哉卑尊之勢隔而上下之情攜授任之統垂而賞罰之信鈌也竊以爲宜在朝中選本省之位尊望重素諳民情土俗者領勅前往恊贊軍務有本土豪傑得以竟自委任受任有勞得以竟自保薦軍餉錢糧犒賞得以竟自支給其條將分巡兵備海道等官一如巡按事體得以保舉彈劾嚴勅而重責之以鄉之士夫糾鄉之智勇爲鄉之父兄率鄉之子弟捄鄉之急難公私兩便上下一心必濟之策

也昔陳豨反代漢高帝急封趙將四人曰吾以慰趙子弟宋智高反狄青征之與事之賢實曲江之余靖蓋其凡也

上吏部吳天官默翁

瑕連日躔門意有所陳而宮墻結構百工具舉不得其門而入敢以啓聞蓋瑕每讀柳宗元自陳代禹錫詣播州事未嘗不三嘆古人之高誼也彼以其老親在堂不忍母子之生别而爲之身蒙炎天瘴海之患豈非所謂義重身輕足以敦薄而廓鄙者哉末世真風瀉而淳樸散求其借一言之便以主張公是扶持正直而不可得人愛其情大道

所以日隱也雲南永昌府通判何世守者瑕窓友也父何遵與先文敏同科以忠諫死正德之季　皇上登極錄廕世守先任臨江府通判六年后調永昌三年共九年九年考滿當陞同知昨考乃劊一級在知州之列瑕造問曰何爲其然世守曰有故吾不敢言然此自吾命吾安之矣第吾有老毋白首多病吾又孤身游宦不得不借爾能借一言之便於天官使我得便地迎養則受賜多矣且予所謂便地非他也但得西不出玉門西南不踰象郡南不渡儋崖之苦海使老親無遠涉之勞吾願足矣瑕悲其言之苦也應曰當徐圖之竊念瑕備門墻桃李之末以狂戇受知

台慈舊矣闡人之寃而不以告不忠覗老毋孤子之跼蹐而置之度外不仁如此殆重孤台慈之教育也是用冒僭妄之罪爲代陳於威嚴之下伏祈少垂炤念與之近地以便其孝養實爲萬幸

再晉

前日伏承尊師明諭示以職掌定例瑕惶恐不已因伏自思凡入官先事士先志故日議事以制政乃不迷吾人於國家之典故諸司之職掌茍不詳考熟觀則當事之際不爲吏胥所低昂其手者鮮矣尊師之示實教瑕之深也間從朋友借吏部職掌連日翻閱此書廼李古翁所編刻先

子昔日曾輯四司條例大約如此然不若兹之詳盡眞天曹之龜鏡銓選之準繩也中間叙外官九年考滿事例實爲明備然未見調簡從簡論之說敢冒昧塵覽語云成事不說旣往不咎古之厚也兹事已定而瑕復喋喋是豈不知說成咎往之爲罪哉誠欲因事陳愚少答尊師垂教之萬一也瑕每見尊師握髮吐哺以延天下之士夙興夜寐以勤天下之事廣詢博訪以來天下之善竊自嘆服以爲雖使伊周復生不過如此夫虛以待之則天下之善無不至謙以下之則天下之情無不通誠以格之則天下之心無不盡吾尊師之謙虛至誠如此是宜直言正誼日聞於

耳於以裨補黻猷增光茂烈然瑕竊之海內之士殆未多以直言正誼上答鴻慈者葢習俗囿其見貴勢怵其心得失昏其中榮辱褫其魄是以浩然之氣遂泯泯也浩然之氣正氣也天地所以位萬物所以育徃聖所以爲絶學萬世所以爲太平者胥此也人無是氣則正言不敢陳正事不能立因循之習勝委靡之弊滋下畀巽而上苟止蠱患將日深矣故士風者世道之由關也正氣者士風之由繫也直言者正氣之由生也以尊師之雍容而瑕不能言以一事之瑣細而瑕不敢言言及之不可隱也而瑕不盡言則是其浩然者爲貴勢怵而習俗囿得失昏而榮辱奪也

何以立門墻之末而終惠教之澤是以反復思惟與其諾諾以自存孰若謇謇以自效亦誠見夫納汚藏垢在今世未有如我尊師之寬洪者故忘其忌憚復妄發耳伏乞念不容失臣之義隱其惡而恕其罪使瑕得曲全於覆冒之下實爲萬幸

寄孫懶堂年兄

辱愛既深受教不淺中心銘鏤何日能忘冊次細閱所示事宜切而不迂密而有體眞鏡國之姑射療俗之卅溪也推之天下似無不可豈特一邑之宜一官之守而已明體適用公眞其人哉益瑕少讀詩而知古今興衰之大致也

奏汝墳者戴父毋之邇歌小東者嗟杼柚之空賦碩鼠者興去女之哀陳鴻鴈者重劬勞之慼凡征斂繁苛賦稅無藝役使不均勞瘁靡恤詩人之嘆皆王道所由陵夷也匪風之詩曰芃芃黍苗陰雨膏之四國有王郇伯勞之夫王綱不整而孰其勞民茲甘棠之詠所以專美于百世也從古及今未有近民之官不得其平而可以興理者也台慈所示凡皆憐民窮嗟俗儆望瑕以挽如燬之傷而躋之樂郊之域已北山之怨而敷之中澤之恩仁人君子之用心其厚若此瑕奉以書紳不敢隕墜更當策勵以答休明第恐力弱才綿深負教旨望不遐棄更惠良規

上仁山莊尊師

瑕辱受師罔極之德非言語所能稱謝濵行不及而辭罪無所逃惟冀鴻慈加涵貸耳恭承大訓教瑕以去褊就中全偏趨正雍容之旨敦裕之規而命耳提眞吾師保瑕奉以周旋不敢隕越但悻直之性遇事輒發過后追恨欲革無由此則平生所自痛者今獲嚴規常懸中座誓言永佩期以寡愆倘賴休明得蠲罪悔實此生之幸也楫舟南下日遠威儀囘首文昌增其依戀

寄鄧鐵峯

瑕之不侍教於君子有日矣自蔦蘿情斷而黃鳥音希澗

銎盟寒而白駒人遠雖此心之猶昨何踪跡之多違憶自樵西之時日伴烟霞之侶較三射以觀儀稱百觴而載酤濯清澗之漣漪坐茂林而笑語於斯之時眞蓬島中之世界葛天氏之黎庶也歲月不停光陰流邁桃花飄蕩於雲端楓葉摧殘於山外是以聚散紛紜音書寥落先世高誼空懸情於山閣不謂八千之外忽承華札之擲使我感激之深不覺念年情況之集也歸人之便敬附報章宦海茫茫未期覯止

上大洲趙尊師

瑕奉違台範十載于兹音問不通罪積深重惟瞻思之勤

無日不切耿耿素抱徒有自知兼辱吾師夙昔教誨奉以始終未敢隕墜斯或可以逭罪悔之萬一耳今歲荷庇廁名縉紳之末八月取選出知浙之慈谿地大而民繁兵興而賦重此誠盤錯之衝非愚劣若瑕者之所能堪也尊師何以振翼之古云仕不辭勞官不避劇臣之矩也命祿有定瑕安敢云刎乎昔所奉教於父師者講之究之懷之藏之研之覃之培之植之凡將及時以有爲也歷試諸艱在聖且然洙泗之門盡堪從政孟氏云人幼而學之壯而欲行之茂叔云必不得已止未晚也當今之世仕而可以澤及生民者莫如縣令朝發一善令夕而民受其福矣夕發

一惡令朝而民茹其辜矣周南歌孔邇之章召伯繫甘棠之感國風存碩鼠之戒小雅興鴻鴈之哀從古得失治亂之由莫不自親民之官始也可不謂重乎哉今第恐才綿力弱不勝委任以爲門墻玷耳至以虞禍患畢瑣屑凡一切世俗計較一階半級之榮寵則決不少留於心以孤負師教茲可以自信者伏祈尊師時惠良規俾得鞭策駑駘以附驥末萬幸

寄鄺金潭

令親武舉比來承惠華札所以賀鄙人者甚悉捧誦再三感而且懼恐庸劣不足以副厚望也聞不棄舍弟輩仍主

静虚會以翊其稚愚何幸何幸載閲來章有俛首后生與角筆硯之嘆一何似緉人生何老少皆兄弟矧學規程範雖屬老成而筆陣文鋒終饒后輩語云初生之犢不畏猛虎如挑事之聰明特達豪雄奇邁古而深渾而灑誠愈摧而愈鋭愈抑而愈揚愈遏而愈光愈久而愈熾者諒獨步天衢特探囊中物耳誠非后生所能望其踵武然以瑕而觀凡聰明者或流於踈特達者或至於畧豪雄者或淪於簡奇邁者或過於迂古而深者或乖於時渾而灑者或違於俗則所以俯就新進資其文雅藉其優柔浥其英葩比其内好沉浸其膏潤咀嚼其浮華以醞釀吾之大成者君

子取善固無限也瑕荒落念年乃得一進無可爲尊丈道然遡所以俺倖之由實虚受會友之益居多今見吾兄出格奇才無量浩氣恐滯於日用之偏是以貢其區區諺有之食芹欲獻

寄梁雲端

瑕南陬之庸懦人也十九歲而薦名于鄉又十有八年而未有成立蒙我兄不鄙而遠大是期不謂其學落才疎而假借之曰時未利也送之江干比望而餞之凡五六度矣瑕獨何心能不懟且悲也去冬之臘承錫腆儀大雅兼降玉趾于僦舟瑕不自知而和淸歌於别后非敢以步哲人

之芳躅也將以道思而識別也廼辱不捐遠惠德音謂之雲霄謂之風煖謂之鳳詎嗟夫天寒日短鳴枯木者慈鵶耳而何煖風之歌鳳凰之高棲乃在千仞之表豈其逐逐塵凡與雞鴨争食與鶬鶊競翼者哉穩睡之龍兒其以之我聞曰神龍能大能小方其大也震撼乾坤崩騰山岳不瞬息而遍萬里及其小也潛鱗于行潦之水與蚯蚓同屈曲何則其以神用也神無大小者也天下之善用大者其知神龍之用而以之善用小哉此萬里天涯無窮之瞻望也寒燈對楮不旣區區惟達人之垂炤

上弼塘龐尊師

初春京邸屢侍光風奉教優游奚啻提命書紳永佩誓言
不忘自夏徂秋倏冗縻絆不及緘書申候懷抱徒勤想台
函近日蛻熱路之塵紛結清流之伴侶訂舊盟之猿鶴棲
上界之雲霞境寂而神怡心閒而道妙松風桂月供吟弄
以窮年露葉烟花足嬉游於清暇步周程而趨孔孟瞬羲
暐而息唐虞視彼裂口南箕讒邪罔極揭柄北斗貪戾無
厭豈不猶腐草螢光騰輝午夜寒蛩竅悲咽秋宵隨氣
候以推遷竟湮淪於無有果何益哉諺有之醒眼看醉翁
之謂矣瑕今碌碌膴仕竊祿東方謝歌鳳之希音逐浮鷗
之末浪無可爲吾師道者抑行而不隨止而不牴高而不

峻早而不委進而不奔卻而不悚悔而不蝕顯而不揚則太上之英益有恒執瑕雖不類昔曾受命於台慈矣思日兢兢恐孤明訓不知函丈何以昜我北來多鴈幸無玉音水遠山長瞻思無限

上潘大巡廣州事宜

一近日閩浙有倭寇之擾海防峻密凡番夷市易皆趨廣州番船到岸非經抽分不得發賣而抽分經撫巡海道行移委官動踰兩月番人若必俟抽分乃得易貨則餓死久矣故令嚴則激變之禍生令寬則接濟之奸長近來多失之寬恐侮敵玩寇閩浙之禍將中於廣州也廣

東隔海不五里而近鄉名游魚洲其民專駕多櫓船隻接濟番貨每番船一到則通同濠畔街外省富商搬磁器絲綿私錢火藥違禁等物滿載而去滿載而還追星趂月習以爲常官兵無敢誰何比抽分官到則番舶中之貨無幾矣沓夷市易將畢每於沿海大掠童男童女而去游魚洲人時亦拐略人口賣之多得厚利以此年久歲深恐奸人嗜利無巳或誘爲强横而教猱以肆其奸或投爲爪牙而假虎以煽其焰則廣州之民塗炭矣爲今之計莫切於豫之一言大約番船每歲乗南風而來七八月到澳此其常也當道誠能於五月間先委定

廣州廉能官員遇夷船一到卽刻赴澳抽分不許時刻違限務使嗇船到港不俟申覆都臺而抽分之官已定嗇貨在船未及交通私販而抽分之事已完所謂迅雷不及掩耳此當預者一也於六月間先責令廣州府出告示召告給澳票商人一一先行給與候抽分官下澳各商親身同往毋得留難以設該房賄弊此當預者二也抽分早則利多入官澳票先則人皆官貨私通接濟之弊不禁而自止矣上益國課下茇民奸黙錫蒼生之福濟消未形之禍莫切於此惟仁人念之其廣東沿海備倭兵將原有可恃者以東莞香山多走海南及生鹽

艚船輪差守禦舟巨而士勇習於風濤戰鬬之險無有畏敵之心也聞近日上司不知存恤誅求厚而征調煩商人多告去者夫商人利徽而害大則不愿走洋海之貨不愿走海則不作大艚不作大艚則上無以應備委之差下無以養敢死之士敢死之士無所於依勢將他圖此所謂棄干城而藉寇兵者也大易有之惟能容民畜衆今能恤海商卽所以固海防也所當預者三也香山順德之民素稱強悍有急足恃而近歲以來多憔悴於虐政自前任香山順德兩知縣剝削民之膏脂無有紀極民茹寃苦莫可申訴懷怨上之心久矣幸

時無大變無自發耳今爲父母者苟不優游而撫字之一旦有儆皆仇敵也香山順德東莞新會省城之屏障也屏障徹而省城危矣所當預者四也古云內順治而外威嚴凡此四者順治之要務也

一香山順德地面多有海中沙田其巳成田者陞科報稅各收戶籍矣其未報稅者必其未成田無花利者也聽民自候成業自陞稅畝可也近日軍門有行逐一丈量責令納價承稅各縣奉行秉機害民毎將水深丈餘沙坦一併丈量措取民錢前任順德知縣設爲巧穽先在上司而稟稱本縣民刁不伏丈量以致聽信責成所到

之處毎多量白水十數頃毎頃該納價銀三十兩計十頃該三百兩乃徐措取銀百十兩爲之減去白水頃數終年累歲只將丈量頃數私賣竟少回報上司上司比併又稱百姓刁頑而已合城士夫被其愚弄深爲可憤查得大明會典內一欵凡深山大谷新開田土俱與開豁稅糧此實　祖宗厚下之深仁而近歲刑部刋刻問刑條例亦申明聽民儘力開耕永不陞科之令可以開耕者尚不陞科況茫茫白水可責民陞科乎深山大谷有稅糧者尚爲開豁況廣川大澤無花利者可責之納稅納價乎况令未必行徒爲奸貪設網民之穽乎切謂

此弊須明示痛革不然則各縣借上司明文誘民詰告時時丈量爲良民害無窮也

一廣州之南水縣也舟楫者民所自便也十年前順德偶有兵旅調發責令大戶取船接送遂爲定例前任陳知縣恣其狠戾因小有上司征調挨門報點大戶每名要船一隻得銀二三十兩乃免如銀不入旣備船一隻又令備大銃二函鎗數十根刀數十把人夫十名不時點閱或責器械不整或責人夫不到多般尋害計其出船雇夫置造家火不下四五十兩而且有官威之害所以不得不入銀也切以爲此弊亦當明示痛革自來軍兵

調遣俱有在官哨船或額編渡船若平時責令區處明白則有事決不敢紛紛擾民倚法爲削也

一廣州之南水縣也齊民之奔走官司之出入使客之送迎皆舟楫是賴凡上司隨從及差人往復多擄船隻近因擄船艱辛乃於徭差內編擄船大戶徭差榜內該銀十餘兩而役主雇人應當每年用銀一百二十兩非此莫足辦也假如每巡按初到未至三水則兩司堂上差人各道差人共五六人取船五六隻府州縣取船三四隻迎接費十餘船矣將到官塗則兩司迎接其手下吏典取船一隻承差一隻皂隸一隻又共取船六七隻矣

府縣吏書皂卒又取數隻矣巡按之出巡也亦然其歸也亦然是取船數十百隻矣又如布政司官初到兩司府縣走候親迎一如前例按察司官初到兩司府縣一如前例府官到亦如前例則所以取船者可勝記哉故擄船大戶受雇之人既領一百二十兩之值矣尙不足應上司之急乃於法內生奸假如巡按將到應擄船十數隻彼則沿河多擄至三五十隻每隻得錢數百文郎行蹤放存留足用而止是害民之中又害民也然其所以受一百二十兩之値又必賣放船隻然后能支者何也假如迎接巡按布政司典吏一票取船承差一票取

船分守　票取船是取三船也按察司吏典承差取船是取六船也每票折取銀八九錢乃五六人同舟迎接船便則取銀銀便則取船展轉反復以多爲上其害則歸於大戶計一年之内大戶受雇之人豈止用數百金而已先文敏公在朝與戴侍御言廣東編水夫頭之害乃定制水夫隨糧帶徵民受其休三十年矣今水夫銀兩但當嚴責各縣依期催併則百姓永永受賜切謂擄船大戶之編是暗加一水夫役也末世多制惟台慈念之舊例凡兩司府縣差人俱有本等工値或自雇船或共搭渡船先時而往安有誤事今多方出票以擾下民

詩曰民亦勞止汔可小康惠此中國以綏四方惟台慈念之昔譚分守在江西大小職官無敢有擄河下一艇者雖元老家中亦皆歛緝此可以見君子之用仁矣

一凡布政司解各色糧料皆點大戸親解舊制也自壬子年有解官貪圖解料引江浙事例告要革去解戸自行赴部頁緣本司申文撫按被提督嶮山周老先生駁回云恐解官中途或有事故錢糧遂無落着不若點解戸親解之爲穩云云后雖不敢明違批案然暗作奸弊毎解料用十數名解戸只點一二名親身同解其餘俱解官包攬近年或只點半名稍存美意而已使半名小戸

陪伴解官赴部凡百用度尤爲辛苦是昔日美意反爲今日弊政也去年解戶馮英以半名戶役同解官到京解官壞事併馮英拏監東廠違限一年不得銷批傾家蕩産無門控訴其遺害如此切以爲此弊亦當明示痛革誠能出示申明舊規一遵周崦山批斷凡有解官冒領解戶水脚包攬料價者許解戶赴察院首告卽時拏治其有被點一名半名獨累赴部者亦責令赴察院鳴告以憑裁處示諭丁寧則解戶恃台慈作主情悃得以上陳解官知憲臺秉公夤緣庶幾少沮矣布政司錢糧之所都也吏弊如牛毛不能枚舉望更博訪而痛芟薙

爲生民之福其有涯極

寄俞南石四府

自客歲履任匆冗度日昏昏然惟錢穀簿書之務鞭笞不絕於庭催科不輟於鄉而司府所以督責之者惟疾其緩也昔日所云撫字所云教化所云德禮眞成一笑柄耳柰何柰何自反無以惠民一啓口一舉筆一差遣雖至微之事郎有損害於其間所以煢煢踽踽甘受涼薄之誚於大邦君子雖吾公祖之前不敢具禮誠不忍孤負其初心亦諒有以涵貸之也忽承華札申以厚儀愧感無限佩服教言永以不忘謹專人隨使者馳謝

上念山羅尊師

伏辱遠書丁寧教誨非但勉瑕以功而必廓之以量非但期瑕以才而且成之以德眞骨肉之愛生我成我之恩也佩服之深感激之切非言所能陳謝毋恨德孤量褊遇事悻悻事過知悔又無及矣所幸慈谿士夫君子皆前輩流風后生師表重禮崇信容貸鄙庸開心見誠啓其不逮是以得奉承大教苟免深辜然言行過尤乃如麻也來書當大寫坐屏以比弦韋倘得少進皆玉成之澤也歸人之便布此區區山川阻長瞻望無已

與樂年兄

途次邂逅不旣心緒將謂君子枉顧得奉金玉之音以爲韋弦之佩胡爲爽約望來不來　庖人飭羞誰與同語南行千里會覿未期惟努力好脩慰此遠望凡定海之父兄里老所以苦於長官者卽新淦之子民百姓所以望拯於兄丈者也凡定海之父兄里老所以樂於長官者卽新淦之子民百姓所以望錫於兄丈者也天下寧有二理斯人寧有二心也乎哉弟以迂愚多冐罪悔惟兄有以翼捄之俾毋終迷幸甚

上劉按察

瑕翦劣承乏大邦動履多愆省循深愧每過翁宅企慕無

限念年㣿海國爾忘家一楊淸風室如懸磬眞先哲之遺
矩后進之儀刑也將謂道旌言旋暫任俾暇得少浥芳潤
載滌塵襟乃聞命駕夙以南征早敷嶺表霖雨之恩太尉
海隅雲霓之望在彼誠爲慶幸其如此之望來不來何吏
承南歸敬此裁候

上袁侍郎

奉違台範將及一年企戀之私無時不切每邦人北上便
欲脩書申謝我翁陶鎔晚生之盛德揄揚我翁珪璋化理
之耿光頌贊我翁袵席蒸民之大烈於以獻效區區第踈
懶之癖痼不可治且念小簾曲謹乃卑官攸宜而頻上宰

相之書亦古人之所忌憚也是以抱其懇悃不敢敷陳耿耿遐心祈憐炤耳兹因顧明府之便馳候起居

上嚴閣下介翁

瑕蒙元老垂念先人不遺故舊每一至都便醉以上清之酒飽以大內之珍比去歲得第觀政半年尤荷涵覆出京之日先賜以會錄繼賜以金幣且話言教誨有加焉元老接引后生惓惓如此瑕獨何心能不感激然自出都門以來未曾拜隻字於門墻是豈頑薄忘恩如此之已甚者哉其設心以爲元老之所以終日終身躬吐握之勞以延天下之士者非徒望其奔走承順於吾門下而已也將求其

報禮之重也然則士之所以出入於門下蒙延接而思自效者亦不宜止於奔走承順之間而已也將以重報禮也重報禮者自重者也自重其身然後足以增重於門墻增重於門墻然後足以取重於台右故凡人之不自重者皆不知所以重報門墻之禮者也汲黯云大將軍有揖客不已重乎且以祿壽名位蓋世之元老而加意於曾不通問之曲士不論其能報與否而我之含覆之度爲何如也耿耿鄙私有如此者每憶拜辭元老時蒙語瑕曰我只是赤心爲國而已唐荊川赤心爲國我是以信而任之由是而言則元老之所以取人者何如也而人之所以報禮於元

老者當何如也瑕恐今人不知元老所以汲引后進之心又恐遠跡踈踪無以自諒於門下則瑕眞矟薄忘恩者是求以重報禮而反重失禮也爲此具啟裁候布其區區伏祈憐察

寄宙山叔父

承遠書珍重惓惓以愛民如子勉我后生眞師保之訓父毋之臨金玉之章瓊瑶之贈也敢不夙夜紉佩垂紳比韋以自策其庸愚期不負我叔父之大訓昔讀孟子見齊宣梁惠咸有愛民之心及考其敷施政事多不若于軌度生民之塗炭閭閻之疾苦征歛之酷煩饑勞之困憊如故也

此其何病而然哉凡皆有以牽制之戰國之時彼其牽制者無暇論矣在今日俗態世情舊規常套凡以牽制美意而奪吾子民之仁者殆如亂麻若吏書之低昂其手若皂卒之張熾其威若牌票之銷沉若錢糧之沒匿若坊里之供應若士夫之饋遺若差役之繁多若筵宴之華麗若均徭之編派若丁糧之徵需萬緒千岐明不及察而因舊襲弊勇不及裁此其牽制我者不既牢哉大智治心醇人盡巳若養其剛大保其精明守其恬淡遵其儉約明其紀法削其繁苛一切毀譽榮辱不入於心而因仍苟且不留於務然後子民之實可著也狂簡之見如此叔父以為何如

歸人之便布此奉復惟冀不時教惠啟其愚憒幸甚

復宙山四叔父

承叔父示及於顏子子貢所示以及時訂正所學幸甚幸甚竊謂此學理一處易見只是分殊難盡分殊即在理一之中但精微不盡則廣大只是虛空之體既空虛則虛實不能渾一物有遺格知有遺致廣大之本體亦不全矣顏子之學只是一味至明至健如日亦足以發則異於傳不習者曰語之不惰則異於今汝畫者曰拳拳服膺則異於亡所能者曰既竭吾才則異於力不足者其終日終身勇往直前如此果何所事事哉亦曰博文約禮知行交脩而

巳大哉聖人之道洋洋乎發育萬物峻極于天優優大哉禮儀三百威儀三千非無外之心何以體此昨叔父無外超然之說妙也既無外矣則外盡其大內盡其小三千三百一一理會明此之謂博體此之謂約一理有缺心體斯虧是顏子所以亹亹也心苟有外則是此非彼得此失彼或自謂廣大而內實空疎或終身瑣屑而得小失大凡以有所外之也顏子之心只是無外故若虛若無勤勤匪懈子貢只是有外故以其偏長偏見自止自足瑕之愚見如此不知叔父以爲然否叔父謂顏子子貢之異何如盖必有深見獨得非瑕所能及者望叔父有以詳敎之草草不

盡萬一

又

承叔父示只是理一處難至教至教姪之言實是想像不過以延平先生之言偶合意見故妄引耳大抵人心無一處不到無一息不運三千三百就在理一之中但止得此儱侗意思而三千三百全無經緯似無星之秤無寸之尺終不可以經世也論語教人一一在言行細微曲折上理會會其萬所以歸于一也大學云所謂誠其意者無自欺也不欺之外此心尚有偏倚處故又曰有所忿懥則不得其正有所恐懼則不得其正有所好樂則不得其正有所

憂患則不得其正誠正之功一一在人情物理上理會昷嘗有高遠之談中庸全部只是發揮此意白沙先生云義理儘無窮功夫儘無窮知此則謂理一之難可也謂分殊之難可也若謂理一之外别有分殊則內外判隔心事二致胥失之矣瑕前謂理一易見如曾點見大意云耳必如曾參之功深力到達於一貫則理一分殊通一無二豈易易哉誠有如叔父之云云也曾點活計雖被孟子打併出來要之曾點勿忘勿助之功全未全未不知其理一之難見耶不知其分殊之難盡也對去人據案草草不盡

復周明幾書

承示兩淵贈言甚幸昨兩淵過顧以留別之言教生而請一二與尊見同但尊辨似於肯綮處未及破除而孟浪處却加磨刷今以昨生面質兩淵數處請正何如

一兩淵云至善也者心之則也大中至正純粹精焉即所謂天命之性未發之中也

生云心之則一句甚好但以至善爲未發之中則既發者獨非至善耶謂止至善只是歸之於寂守之於默是不知心無内外事心之功亦無内外心兼動靜事心者亦當兼動靜也如兩淵所言恐從此一路駸駸然入於禪房也

一兩淵云虛以胎之靜以養之寂以成之而后帝出乎震

生云此與下文主靜以一天下之動歸寂以一天下之感同意程子云不專一則不能直遂不翕聚則不能發散善學者靜爲動根動爲靜用體用一原顯微無間不善學者是內非外有不勝其弊者矣

一兩淵云有所着斯聲臭矣聲臭然後有睹聞睹聞形而離道也遠矣

生云不知所著者何事如目視耳聽手持足行形形色色無非天性任渠聲臭任渠睹聞惟中其節便是達道奚而謂離道之遠也

一兩淵云世之脫畧於本原瑣屑於事為者容陷

義外而不自覺

生云告子以義為外者正是不瑣屑於事為吾儒以義為內者正是不苟且於酬酢故曰集義曰義以制事蓋心無所不包無所不貫直內方外內外交養是進學事大公順應動靜不違是成德事程子云與其是內而非外孰若內外之兩忘也又云以惡外物之心而求照無物之地是反鑒而索照也

以上數處皆商請教兩淵矣生又舉吾泉師心性之言云心也者體天地萬物不遺者也性無內外心無內外

隨處者隨動隨靜隨知隨行隨應事接物而無不體認天理也又云陽明有言天道常運而不息人心常動而不寂先子亟稱之曰醒時人心常動睡時人心常靜云云語雖片時頗能詳綏然不知其盡合於理而可以取信否也

寄近江聶親家

八月十六日取選瑕晉見天官吳默泉翁翁執手問曰欲官何土瑕曰未有子息欲得近地翁曰若是則江西福建矣福建有倭擾峽江何如瑕曰錢糧催徵甚難不如吉水翁曰吉水士夫太多予爲爾謀只宜靜僻之邑更積學三

一年卧治可也瑕出自惡明珠投暗欲以繁劇自效次日乃偕羅小灣再見翁又問曰意已定乎小灣願吉水瑕願領慈谿翁驚曰二予所請皆非善地何也瑕曰人棄我取翁曰慈谿有倭寇而士夫甚多瑕曰固知其然第今有城倭寇非所慮吾非斯人而誰與士夫非所嫌也翁曰是爾誤聽人言耶既如是不如往我嘉興瑕曰瑕不憚煩只憚衝嘉興稍衝也翁嘆曰諸人多不願往吾浙今爾乃若是哉瑕之所以得慈者如此承兄垂問敢布其委曲若夫交接太數難周太猥易厭兄之教瑕至矣難周者嘗不敢不勉易厭者當爲之不厭也事盡在我而已非理相干安能

相悦而非意相毁亦安保其不相及也自今亦惟日圖從容縝密以副遠期耳何如何如金陵旅館度盡淸秋諒惟歸心冬來更切不知行旆曾指梅關我思之悠江流渺渺僕夫行便敬此布忱日短天寒山高水遠伏祈勉加珍重以慰遠懷

寄林同年

京華侍兄丈之教師資不淺奉别以來茅塞日甚從事於政務繁瑣之間不覺褊心横發惟氣質用事於學力全無有也然后知古人調心養性以至於體用合一眞難事也愧甚愧甚望兄丈不棄時時有以督教之方今友道之壞

久矣以諂相悦以諛相循以詐相欺以利相阨求其眞心實意捄友生之過而以善相責者天下幾人友道壞而天下無善士矣惟兄丈之留意焉

寄梁雲端

兩接教言一片天德王道惠我實多惜弱質庸流不足以與於斯也平生師友切磋反躬實體念多年矣而政事到手人民入御乃七顛八倒百孔千瘡然后知古人不患無位患所以立眞不吾欺也大都病症皆在性情不能柔和度量不能寬廣所以遇事悻直急遽不倫然后知古人論許大位育只在中和之致眞不吾欺也素寻先生曾兩有

書垂教正本澄源實頂門一鍼感佩無限望雲端與舍弟輩在性情上涵養度量上擴充養成慱大德器他日事上使下泛應咸宜乃不類鄙人之褊褊也珍重珍重又接來書有老矣向衰之嘆我心惻然日月如流不及時向上光陰豈待人也自先人没后卽與雲端遨遊二十年虛度歲月無分毫進益今又爲塵凡俗吏不知他年入何等譜傳誠恐其終泯泯已也言及於此怵惕之深

上莊仁翁

瑕自抵慈谿以來冗與懶併不及以時脩候光陰轉瞬倏度春秋遂積有疎簡之愆其柰之何每於退食顧諟雄文

閔念既多，惠教不少，式如金玉佩此韋弦，半歲之間實賴寡過，但恨瑕狹中促度，遇事火炎，事已覺違大教，悔無及矣。其奈之何？自今亦惟日慎一日，冀無爲師門玷耳。數月來士民稍稍相安，惟羡不出於易牙，味難調於衆口，則間有議我者，必有以取之也。斯民也，三代之所以直道而行也。瑕敢曰我善也，我是也，而不顧人之非且毀也哉！反已自脩爲之在我者，當如是。至於其不在我者，則付之定命久矣，固不敢以夭壽貳而榮辱驚也。狂簡妄發，惟尊師有以進之。

上程松溪

癸丑之春兩踵門下不及奉晤竟負南車至止臨清曾裝家刻一部附上函丈將以落魄旅寄不暇具書申候耿耿之私空自知耳文集未經校正殊多魚魯益其時鐫事甫畢郎刷以隨是以苟且如此容明年北上再奉覽也方今貞元啓運上下志同正直拔茅賢良戩穀而吾公抱稷契之鴻猷處夔龍之重地羽儀百辟師表後生千載一時斯文何幸伏祈珍重福履廣敷德教海隅蒼生共荷涵覆之澤通家小子與沾衣被之休

寄南海陳同年

奉違台範倏以週星依戀之私無時而已廣州人來每聞

台從自照臨我南海，畫一之規，整齊之政，不嚴而肅，不怒而威，不令而行，不疾而速，皂不下鄉，差不找票，徵不騷擾，吏不嚇詐，闔境晏如也。循良之聲，賢明之譽，親朋書柬已盈笥矣。吾民幸甚，同年之光，幸甚。敬遣歸人專申裁候，惟隨時珍重，以膺殊召。

與趙翰林太冲

進茶吏歸來，伏承遠翰。有光陰易邁，須法萬古，不負夙志之談。慷慨激昂，眞足以廉頑起懦。瑕非但佩韋，且當銘心自愧。猥庸承乏劇邑，動多愆疚，九漏十穿，中夜以興，恐負我公期望，怵惕奈何。歸吏云我公問及不才近罪罰稍多此非相愛之深相惜之至不肯遠寄此音也感刻感刻暇自蒞任及今如一日耳豈有豪髮之變更每旬告狀六七百人所准不過十之一每日問事十餘起逐出者十之七八發取供者十之二三斯亦可謂省矣以前人每日不問一二事則其視今爲多無怪也暇初到倉廩空虛城守零落樓櫓不備器械不脩岌岌乎若不終夕暇一歲之間積倉粟二千餘石脩窩鋪一十七座置弓四百餘張矢四千簇須於城上大旗二十餘面砲架金鼓之屬無不鮮整凡此皆未嘗費里甲分毫也凡上司饋送鄉士夫動稱支在庫無碍錢糧舊例皆責里甲出辦謂之公務故牘可覆也

每歲所需不下千兩瑕以爲地方多故里甲之微派無限乃自於庫內撙縮應之不派辦也見在案牘又可覆也六房紙劄舊皆值日里長供用歲計百金該房僉篠加取則又倍焉瑕以爲地方多故里甲之供費無限乃亦於庫內撙縮應之不票取也凡此類皆取供之罪罰本縣所得動支者也既不騷及里甲事又不可已瑕豈能鬼運而神輸之哉兵火之餘凡百頹壞瑕近日脩理學校營緝啟聖祠脩射圃營射亭置射器羣學中師生習射禮彬彬然可觀且人人有弧矢之志矣凡此皆未嘗分毫騷及里甲也古稱善人爲邦百年乃效今計期不過三年要必設施稍出

于善人之上方可免尸素之愆若束手無爲瑕固知其便良恐非所以副我公期望之盛心也諸葛治蜀士民稍怨其嚴瑕今初試里老廼謂之寬若更畏讒忌謗不肅紀法恐終負我公期望之盛心瑕之鄙見如此似乎過贅然以知已憂瑕之深故瑕不得不陳於知已之詳也外稿一通併塵清覽丈夫心事磊磊落落可聞於天下可示於后世我公來書何不明言所闢耶將謂瑕不足教也悚息不宣

寄顏冲宇

進茶吏歸來辱手教滿幅民之困窮邦之憔悴吏之奸弊政之汚隆無不詳備眞經國之鴻猷庇民之碩畫也瑕何

幸獲此鼎謨奉以周旋誓不忘墜中云學問日益而不足時變日新而無窮且教瑕以毋矯枉過正毋信已失人毋自處太高而違俗此尤病夫之藥石癖性之刀圭領服神丹當有脫凡換骨之效感極感極大抵人之於學惟忌拒之而不信絕之而不爲拒之而不信絕之而不爲者志卑汚而識凡近也惟其識之凡近是以志之卑汚一聞高談濶論便輕哂而重唾之此雖聖人與居忠言日進而其不肖猶故也若志高識遠之士其自立自期旣非尋常則朋友之所規忠告之所入如水流濕如火就燥類應之機有莫知其然者瑕雖卑凡竊有志於古人尊丈不以其狂愚

而勤勤教之敢不祗承古云寶劍售於烈士尊丈不以瑕非烈士也而寶劍是錫瑕當撫劍疾視示武於衆以爲諸君倡至於身之利害人之是非非所恤也會京師講學諸君幸以鄙意相昜造册之年無多日矣有何高見早早寄音以瑕而言造册編差十年之休戚也丈量田地百年之休戚也瑕雖綿劣欲爲大邦定百年之祜未審力之足以副志否使行之便敬此報書徃復人稠希毋珍教

寄顏冲宇侍御

近來覺精神倦怠多廢縣事又覺心地褊廹民遭其殃終日終年惟自反救過之不暇無可爲吾兄道也昔承無限

教言省循多愧自正月以來欲專理量田一事節牌票省詞訟簡催徵外人愈覺生之不治事然生意竊以爲一法立而百度舉量田是也今終日堂上只是爭虛糧告洒泒訟坑陷毋一詞准理便費三二十日之功一查則稱宏治正德年間書手之弊使縣官㪺精竭神從事其間卒之案終不結不過爲奸書一竊咲若不丈量一翻百年奸弊無洗清期也倘托山川社稷之靈假三月晴霽則事就緒矣自去冬十一月出示與工丈量卽陰雨四十餘日一塲好意幾爲所沮今决努力效此勞于大邦父老也使行草率寄候伏惟照察

寄張松泉

不意甌江昆仲同時遭此厄運傷惻柰何驚怛柰何自去歲秋間已聞此凶報僅得出郭南望一哭而我家舍第舉人亦遭不祿哀思疊疊欝陶在心是以不得及時遣奠仰天咽恨無日不切人生在世眞若春花幾日繁滋忽以零落靜言念之心緒顚倒去春拜謁宅上因觀丞相府第風水不雅心甚怪之然不謂至此極也幸甌江有子已長且多甌海亦已有子此又不幸中之大幸丞相功在天下澤在生民后慶當無涯耳念今債逼窮窘柰何柰何臨楮煩耿不成條理伏祈照察執事想納福二甌諸姪想皆成立

望時時勉之向上苦學安貧勤讀勿墮家聲至祝

寄陳南城年兄

舍弟書來言我父毋德政與日俱新寛和而能斷吏畏而民懷幸甚幸甚又言賤兄弟杜門不敢屢謁門墻以致一族皆曰霍進士之弟一族之事皆曰霍進士之事瑣瑣碎碎煩擾我父毋云瑕罪甚罪甚瑕今在慈谿凡士夫族屬之事一皆裁之以法法亦不記其爲誰亦不知其孰德而孰怨也望我父毋於寒家之事亦皆裁之以法不必問其爲誰生決感玉成之德而無怨也徭差事賤兄弟蒙優免已盡矣此外應編戶役非賤兄弟役也各樣夙艸舊票想父

毋一體葦總矣倘或有已前未完事發亦非賤兄弟事也戶婚田土有不得已者舍弟生員自當面稟此外若有書啟即非賤兄弟書也瑕今已書囘舍弟凡百謹慎勿輕有干請以妨父母仁政尤恐假冒者多謹此具啟申達伏祈照原

上劉布政

五月十二夜子時小价到接翁手翰附有家書即刻差人賚上次日令弟令郎相見已告欲報之速所以不及親送也恭喜令郎先生清才飽學真決科之器且資性温和重厚寸步不差片言不苟厚德之象遐福之徵豈非老先生

積慶之獲於天者哉敬賀敬賀舍弟書來道廣東合省皆荷老先生碩德覆庇而淸勤嚴容正大光明尤爲鄉士大夫所欽服以爲百年來未見其比云此固老先生之緒餘然亦可見公論之在人不忒也家毋舍弟多蒙垂念屢有匪頒瑕感激無盡承示量田之說須不阻於勢家不摇於羣議眞金玉之論今奉承至教事頗就緒但勢家有怨羣議有謗固非瑕一所能戸調而人解望老先生主張公論而已倘有別聞無惜直示以捄其不逮外近上海道揭帖附塵淸覽我廣多盜亦只縣官不任其責耳望台慈於府縣進見之時分付爲民作主大出告示但里遞同結是盜卽

刻處死則良善有恃自出心力自效勤勞自擒盜賊惡黨自消地方自寧也居上之權甚重片言可策安定之績豈必動兵革親軍旅然后寇可弭哉慈谿之風俗卽廣州之風俗廣州之風俗卽天下之風俗斯民也三代所以直道而行也保强盜爲平民者或有爲之結良民爲强盜則十邇所必不爲也臨楮喋喋伏乞原照

曹娥舟中復王龍溪

伏承遠使邂逅相遇於江中惠有縑書感謝感謝中間開示晚生以古人一於至誠焉有所倚尤爲百朋之賜夜月明甚泊舟曹娥夢侍先師冢翁談形色天性也瑕云形色

者根幹枝葉也天性者生意也人人同此根幹枝葉同此生意但亢旱所枯斧斤所伐是以若彼憔悴也聖人則培之灌之雨之露之故生意充足於根幹枝葉之中先師許可夢覺瑕卜云平時得艮夢必逢至人教我今日其有好音乎想念未置而使者造舟何其應也古人教人皆以聖人爲期至其所得則各隨其資之所近如一元敷化松得之而爲松栢得之而爲栢花得之而爲花草得之而爲草各遂其天各全其生意大造不一一取齊也仲由之材可賦千乘冉有之藝可宰千室子貢之達可使從政夫子皆亟稱之何則天地之所受者廣也吾輩爲學爲政以誠心

爲主其力有所不及者器量使然也台慈所謂或假借名義或取辦材能或依倣格式此或枝葉徒存生意憔悴者然思誠者固不如此此可以行事之迹觀之也何如何如抑瑕平日鄙見以爲君子立言貴於中正其取人也貴於寬廣寬廣者不過狹以求全中正者不過高以求異凡立論太奇與人責備者皆識量之細也今不若假借者聽其假借安知其不爲畏名重義也取辦者聽其取辦安知其不爲美材多能也依倣者聽其依倣安知其不爲篤信好古也我能自信方能信人我能信人人將自信是君子所以大無我也生意所以流通也苟彼方自信我固疑之彼

方自是我固非之彼此矛盾胁我盯畦非惟失器使之道而且害一體之公矣何如何如瑕荷台慈金玉之教進以無疆匪但書紳更當銘腑固不宜喋喋陳復自遠箴規但鄙陋心悰難遇知已馬逢伯樂而不鳴將誰待矣爲此不避狂妄草率備陳伏祈台照終惠教之

與顔侍御冲宇

頻奉華札及詢人之來歸知台右所以教瑕者甚厚所以愛瑕者甚殷所以委曲扶持不使瑕落讒人之穽者甚至幸甚感甚古人相知貴相知心知心之極久别而不疑也聞流言而不信也雖有所甚可驚可駭之迹入於耳而不

惑也故推誠所結不必爵賞之及而士有感激思奮捐其身以爲知已報者何則士之所自負有至貴至重可寶可愛而出于爵賞之外者第恨世無知已也倘有知已感孰甚焉伏奉教言謂電掣風行不足以躋瑞日甘雨之堂撤天揭地不足以收中和位育之效孤高絶倫猶是氣質用事此等言論大中至正自遵吾師甘泉翁不聞斯教三年矣乃德音叠叠啟瑕眊瞶感孰甚焉先子有云中行之士自孔老已嘆其難下此則狂狷其賢也若鄉愿似德非德反爲中行之賊故其詩曰古人高誼已陳迹末世中庸嗟鄙夫瑕所以凡事執持冐怨謗而不攺者懼同流合汚墮

末世之中庸也若夫心之不虛慮之不靜氣之不平衷之不和此乃學落功疎變化之力少也豪台右捄我藥我感孰甚焉是間行事想皆莫逃高明燭照之下而瑕病證亦不出高明箴規之中但力量有限過失多端如台右所謂思其所未至益其所未能者殆不能勉以至勉以能也終日昏昏當局者迷伏祈不棄逐事指摘見教俾瑕得以鞭策自效當百拜我公之明賜

上劉素予尊師

承示遠書兼啟以學庸之義深醇明白中正易簡外而無外內而無內大無不包小無不貫眞千聖共由之中路也

近日學術混三教于一途殊有如吾師之所痛悼者吾廣頼泉翁及尊師列位主張正脉后學頗得指歸他省則大相懸矣以此知講學作人其功不小而毫釐千里其禍亦不輕也天下治亂係學術學術邪正係師承承習稍偏流風遂壞此不容以口舌爭在人自立何如耳承吾師聖賢道德之教鞭策駑蹇感佩無限恨綿弱成性不克副此厚望也敢不日惕以奉明規草草布恍伏祈照察

上大洲趙尊師

奉違台範久矣仰止之私無時不切山高水遠音問甚疎葢十載之間僅得一裁書申候而渺無報章竟不知其達

否中心之懷愈加勤苦自台右鳳翔南都遠近承式瑕職守東邑相隔不逓而迄不及通問者以爲君子之道方隆瞻衣之期可卜也不意吾師遽棲泉石雖流行坎止達人本委於無心第蒼生之望士林之宗斯道之主盟則大慊焉嘗謂士君子立身天地間所志者大所務者遠惟志之大故其所畜也深惟務之遠故其所積也厚畜之深故淺者不可以涯涘窺積之厚故薄者不可以邊幅伺其所自信自立蓋有與天地爲終始而旦夕之榮枯一時之毁譽皆其漠然不動於心者古稱太山高矣太山頂上不屬太山堯舜事業是太虛中浮雲過目以是而言則道體無窮

人能有限出道中之緒餘而熏之以聖神之上智身之以百年之惕厲乃僅成堯舜之事業浮雲過空而今安在甚矣道之大也吾師游於大道安以成矣功名事業將以應世若其所存有出於功名事業之外者而况榮枯毀譽之間豈足膺懷白沙詩云皇王帝霸都歸盡雪月風花未了吟甚矣道之大也瑕有山林之思久矣以十年辛苦爲老毋未膺恩封隱忍在兹且周元公云結髮而學將以有爲必不得已止未晚也所以棲遲於膴仕之林徘徊於名利之網未能勇决柰何柰何西人東下惟吾師有以教之

上嚴侍郎養翁

瑕奉承教訓未嘗一日敢怠而思以砥節礪行增光門墻者未嘗一日敢忘顧以悻褊之心多遭讒賊之口重承台慈涵庇俾得策其駑劣以自補復幸出望外銘在心中瑕每讀子史見所稱堯讓天下於許由由不受去而之野野人夜亡草屨疑由竊之嘗大笑以爲天下寧有是事乃今信其或然何則人固有知與不知也當其相知雖與之以天下而不疑苟不相知則吾亦安諒其果竊屨否也此世俗通情無足怪者顧君子自信自存自守自待如何耳自信貴專自存貴靜自守貴潔自待貴高夫旣高潔靜專矣而又處之以優悠寬裕一切得失榮辱付其自至是丈夫

所以游於世也瑕不才然不敢不以是自勉以奉承教訓瑕又聞之邵子云有見根荄而知花者有見菩蘬而知花者瑕荷尊師拔之於稠人廣衆之中舉之於二十年困滯之后且謬加稱賞而遠大是期眞根荄之知罔極之感也自尹東縣以來誤蒙當道奬之於初政薦之於數月又或未嘗識面通名而過承保舉此皆瑕之非望尊師之厚庇然可謂菩蘬之知者矣今花開已爛熳矣乃或指其爲牡丹或指其爲芍藥或更謂其爲海棠豈春過園林風飄萬點耶夜雨之所催殘耶抑如屈子所謂昔日之芳草今直爲此蕭艾耶夫讒邪者毁正人之妬雨而流謗者瘁直士

之狂風風雨飄搖雖有金英玉蘂而不能自保也既無以自保則王孫公子雜沓游觀其揞且疑又何怪焉若夫變芳草而爲蕭艾則瑕可以自信者縱不能爲桃李之光映不敢爲菁莪之玷伏祈我翁加客察焉瑕恐流言日至以爲父師憂故不避煩瑣布其區區

謝劒泉鄺侍郎

瑕躡跡仕路以來未嘗敢通名於門墻自車從按臨江浙風采所被山川增輝凡連帥方伯岳牧以及一切大小之官無不奔走千百里外瞻拜盛德之容儀瑕以位之卑也地之僻也無便事以爲之階也且深信明示禁止遠謁以

爲此實台右簡静綏民之大致是以不得拜覲顔色而體分懸絶又不得申隻字布遐心自分踈逖之跡不在甄收之典乃蒙吾翁扳之於稠人之内列之於薦剡之餘瑕初聞且驚且疑以爲傳者妄也旣而且喜且愕以爲古者薦人扳士不必求其通名不必求其識面大公無我惟才是舉是以俊乂荷旁招之慶皇國收多士之禎古道之隆邈風遠矣不可取必於今之世乃何幸於吾翁見之又何幸於瑕親身逢之安得不且喜且愕喜者爲吾翁行古道以維世風愕者爲瑕以樗材而沾化雨瑕聞之君子之於天下微長亦錄而不求之以大全片善亦揚而不責之以大

備是以衆能效力百工用釐何則所以翕受之者廣也我翁推轂海内名士而逮於瑕則網羅所及又焉有留良者哉瑕是以知哲人登庸善類景附古治不足復也瑕又聞之中人之品未必爲君子也在上者以君子期之亦將以君子自期矣未必爲豪傑也在上者以豪傑待之亦將以豪傑自待矣何則誘掖獎勸有甚於法令所驅而鼓舞作興不啻於爵祿所及此風所爲詠腹心於兎罝而雅歌作人於愷悌也我翁所以期待瑕者既以不輕則瑕所以自期自待者其敢不重自今以後亦惟日愼一日圖寡罪悔以毋爲我翁知人之玷耳山川阻遠瞻侍無由百拜征人

遥申下悃

與葉石南太守

一路蒙遠差周旋凡百完備到吉安胡三府體尊慈雅愛差人送至萬安托庇十五日抵贑橋矣從此梓里人望萱闈可瞻松徑除荒菊亭引酌杜曲尋樂桃源訪眞李畔掛冠荷珠點易咸台慈之賜也敢不百拜昨啟上令郎先生願切脩眞理性之事其功與舉業德業本無相妨老氏高處乃在養心養性治身治國合爲一事大抵以儉嗇虛靜爲主瑕不能造其域也今方勉力於此望台慈時賜策勵倘得大成是仁人之澤也風便附申謝私伏祈台照

與陳廉使六翁

瑕世所棄也乃我翁惓惓憐恤之不謂其不才而謂其不遇時也不謂其悻直不遇於時而謂其不遇人也委曲其謗議周旋其歸塗瑕何不幸而不見知於人又何幸而見憐於翁也且瑕之在屬下也僅一面之接無半言之通乃翁獨目成而心許之瑕亦以翁之所以期望而許可瑕者自許可而自期望以為孤征獨往當不負仁人忘言之教而世俗所謂踽踽涼涼者類是也乃我翁不薄其迹而諒其心翁之所以容天下之士收天下之奇御天下之駿良於牝牡驪黃之外者其有涯哉瑕退伏園林當側耳聆大

君子之風化而親身沐大君子之德澤也宦途甚坦天步靡艱驥足一千鵬程九萬望台慈重自愛也申謝草草不旣云云斷目悠悠私心耿耿

上嚴冢宰養翁

恭喜尊師受知天子師表百僚藻鏡四海之英賢權衡一代之人物翕受九德敷施六事釐正庶官咸和萬品大丈夫得時行道當如此矣自秉鈞以來未盈旬月而徽風所被遠邇踴躍頹靡者改步貪婪者革心暴横者潛踪正直者昂首循良者奮志百姓之顛連疾苦者已陰受浹膚之惠雖嶺表海隅之氓亦欣欣然有庶幾式康之心瑕覩此

乃知哲人當軸海宇蒙休古謂天下之治本在一人又謂上惟風下民惟草匪虛語也當今官治之失艮紀法之失守毀譽之失當是非之失眞舉措任情升沉由賄自二十年以來積弊痼矣尊師鼓清風以煽之不終朝而天下改觀易聽此其初政云爾瑕蓋拭目以仰期月三年之大成也瑕聞之剪蕵莠所以滋嘉穀也植芝蘭所以服馨香也搜求在澗之考槃所以資錯石也驅除豺虎所以清中野也牧牛羊不傷其皮膚欲毛之有所附也乘舟而備㡔衣將以防隙漏也九江之成其大以併包者廣也裸身憑河非勇莫濟也此古昔先民所以兢兢業業而朝夕不暇者

也瑕受尊師之恩義均罔極悻孑違時退伏畎畝孤負高深罪不可逭豈敢更喋喋於門墻之外但逢茲巨慶不能已其稱頌願祝之私爲此具啟申候布其狂簡雲天萬里瞻侍無由翹首台垣不勝懸耿

上周都堂蒴翁

恭喜台右雄才偉望碩德巍猷振轡函雍環轍晉魏北方小珉咸荷來蘇之賜乃膺　天寵開閫江南右文則禮樂三千揚武則貔貅百萬談笑則春風入候指揮則秋霜赴節巨官細吏協力同心水寇山戎潛踪滅影施及旁省咸賴弭寧大丈夫得時行道當如是矣通家之末慶忭奚勝

山川阻長靡由申賀顧辱台右惠寄好歌諷誦再三置諸襟袖中間巧思奇詞多可驚怪而破浪看吳艇披雲摘楚星與夫一天晶彩玉宇琉璃等語皆超脫塵境似有真仙風骨敬羨敬羨瑕以悻子違時垂翅世網歸棲舊穴命所自安伏承我公俯垂愛惜逢人說項斯識憐才之有意國士遇豫讓慚報德以無期抱此區區空有耿耿茲憑便翼附寄心悰

復周蕣翁

貴溪區知縣歸來賫到台右手緘焚香啟覽則贈陳廷尉之華篇在焉始讀覺古雅深沉雄壯老健細玩則芳洞麗

語巧思無窮真絶世之奇觀也中間幾處似險似怪驚人心目而逐字紬繹乃妥貼殊甚駭服駭服柬末怪琅無報青謂爲憤世長往此殆非然閉門省咨長往有之憤世則不暇也前臘月林正郎行曾裁書附候想已徹覽兹人行甚急草草陳其遠悰近稿數首附獻一笑

擬罪言上代巡陳青田公

聞古之大人一體萬物疾痛疴癢關心切髓雖欲不一措手而有所不能已何則生理相爲流通也孔子生周之末王綱絶紐天下之亂極矣孔子以布衣素儒周流七十二君朝不遑夕及其不逢乃作春秋以維世教計其憂時憫

俗之念自少至老無日以置凡皆一體之義也孔子自言舍之則藏又云不在其位不謀其政迺觀其行事刪述殆有無論在位不在位終其身而汲汲者達人於此可以觀生理矣二十年來東南多故當宁仄席元老運籌群力畢宣衆策備舉太平指日可待誠無俟於不在位者爲之杞憂但集思廣益在上者每開其誠則陳善納忠在下者宜申其悃且天下之事裕莫裕於用人之長而小莫小於是已之見禍莫禍於藐世之士而福莫福於盡下之情藎愚讀商書而知古昔先王之盡人也一舉大事自公卿以至士庶耆耇咸造于庭各詰其意夫是以上下之情通而舉

無失詒先王所以功被世遠而德洽民深者用此道也詩不云乎采葑采菲無以下體又云民雖靡膴或哲或謀愚誠不敢以哲謀自處乃不敢不以葑菲不遺者望當世君子陳其踈謬以資採擇謂其有罪言焉不敢著名

一國之將與其政必嚴整其士必剛毅號令必簡以齊賞罰必明以信夫是以上下一心而舉無僨事及其季也姑息之習勝而苟且之政滋脂韋之士庸而玩愒之風熾其流之弊也喪朱干之權而上之受侮不少予太阿之柄而下之搆悯彌多蓋自遼東大同金陵軍士之橫而綱維之紐解盡矣欲救斯敗要有巨

方古有之去食去兵無信不立又云理財正辭禁民爲非曰義信義也者療世之靈丹也

一元戎統衆十萬未有不斬殺而能整旅者書曰威克厥愛允濟予則孥僇汝此三代軍政也徐達北征胡德濟總偏師師失利達械德濟送京師仍斬副將以下數十人時德濟爵侯伯矣副將以下皆指揮千戶等官也械繫侯伯斬僇高官威令如霆其何敵不赴今之總兵叅將權輕而威褻號令不明紀律不肅進無尺寸之功退無鈇鉞之加巨寇潛逃乃獵民斷首以報級上下相循姑息從事愚不知其可也

一嘉靖九年廣州許折桂作亂巡按劾失事官員以海道兵巡爲首拏解京師當是之時猶有振飭之風焉今地方盜賊之事民壯弓兵之額軍職管哨之權無一不攬于兵巡之手任可謂專責可謂重謀猷可以展膂力可以宣乃寇盜日滋民生日瘁事勢日急綱紀日隳流賊所至合村勦絶若罔聞知至失事大不得已則以巡捕及指揮等官委罪塞責習弊苟安一至於此豈非任世道者之憂

一廣東雖稱多盜難治然盜之初必起於細微及其千百爲羣雖嘯聚山海必有顧妻子歸鄉落之時治之

於其初起之微及其歸鄉之獨則一二里甲力耳二十年來里甲解賊鮮有不取后禍傾家隕命者上之人無以用其明斷故也倘得如王蘖谷法置香案于堂凡盜賊竊發責在里甲里甲解賊到官焚香當天處死總甲捉賊亦召里排焚香當天僉結衆稱曰賊即時處死艮民知獲賊無瀕死之虞乃奮勇力好民知作賊無可生之路乃格非心不然刼掠財物姦淫婈好民固有捨死爲之者况稍有生路又何憚乎

一盜賊嘯聚江海責在海道兵巡若兵巡號令明賞罰信士選兵練無有濫食則豈有數千民壯不能勝百

十寇竊者古云王之不王不爲也非不能也倘兵巡民壯有一日之工食卽效一日之勤勞江頭海面時時巡緝禽蒐草薙不盡不止賊知官兵勢張不敢大聚必散匿小港必潛歸鄉族則又一二里甲力耳昔順德方尹只用一羅總甲領衆不過三百人二月之內一境帖然豈非明效故曰不爲也非不能也

一語云嶺南多毒而嶺南卽有解毒之方塞北多寒而塞北卽有禦寒之具欲弭本處盜賊只在本處用人如求近日可將三五百人者總甲中多有良材在識拔任用何如耳今兵巡海道曷嘗一日不任用總甲

其所任用者奔走承順則有餘口舌便利則有餘機械變詐則有餘耳目盜賊則有餘求其分財均予士信見敵勇不妄獵平民者則未多見此等𡗝材非可以奴隸視叱召至也當禮以下之信以結之千金付之使自募爪牙庶幾感激知遇委身效力不然有掉臂江湖之畔耳

一近世府縣正官無盜賊失事之責所以閭閻多警番南兩縣固難言矣如外縣乃百里專城之寄威可得伸惠可得加里甲可得而役粮餉可得而措乃境有盜賊若罔聞知以爲上之人不以是責我上之人亦

曰此非簿書者可辦皆計之失者也王陽明提督南贛時平日選士臨時出師必以守令爲將領此事大有深意今縱不責以領兵當鋒之任至如境有竊發決宜俾兵巡道叅究該縣掌印官員然平時不信任之臨事乃叅究之是又所謂顛倒今兵巡皆自用總甲自募民壯民壯赴縣傾工食時或瞋目與縣官相向每縣編民壯數百名守城池者乃不上十數名又安能責縣官以地方盜賊之事也

一嶺外天高日遠下情難達自省城之外縣官咯守官箴者不能多見至於衙門積年之弊雖艮吏莫之勝

華如番南當里長者每役歲費銀五六十兩或百兩
苦矣順德縣里長近年大嵩分者每役費至六百兩
使其有裨公府民且甘心乃皆官吏之所侵漁皂卒
之所吮噬光棍指借之所索詐牌票出没之所需求
百姓遂至此困極也且以築城一事言之兩縣出辦
夫役已告勞矣外縣則報大戶報磚石報貼戶得財
別報延及通邑有平白出牌責大戶輸銀在庫稱備
帮貼者有磚石未齊將大戶罰數十兩者有松椿到
官經月不收責取分例者無涯之苦豈可枚舉上官
亦安能事爲之所但當朝聞朝禁夕聞夕革查訪衙

門久戀之徒痛加懲剪風行草靡庶幾有瘳

一嶺外天高日遠普照爲難所賴以宣上德者守令而已嘉靖初年東莞順德香山新會等縣多甲科之士爲之父毋若黃正色之於香山方攸躋之於順德林騰蛟之於新會近日舒知縣之於東莞事治民安盜弭風泰皆徃效之可觀者也近年多以貢舉老耄之輩來爲之令志沮於風會之無階而苟且以從事氣衰於日程之已暮而家室以懷憂縱有卓然精神亦短吏皂之弊莫可誰何政理不登職此之故倘得昌言 明廷凡前大縣皆用黃甲出身者令之人有遠

大之期則官愼廉隅之守士崇淸修之美則民蒙保乂之休斯實古昔不忘遠之義也

一別府錢粮完否不可知若廣州府所屬錢粮則多易徵收今軍需所在告急或者必委咎府縣府縣或者必委咎里甲此見其病而未察其脉也凡催徵錢粮縣官稍加嚴切無不完者何則錢粮在上者必富家子弟惜皮膚而畏笞責稍嚴則納矣錢粮在下者必細戸毎歲常先期納與里長矣凡錢粮拖欠必粮科吏書受財沉寢之弊水夫軍餉拖欠必兵房吏書受財沉寢之弊吏書通同里催或經收人役比徵之時

以多作少以未完作已完或侵匿官銀數多將一二細戶告追影延歲月縣官早起夜睡爲之查比不過爲開騙局爲今之計莫若查各縣欠粮多者徑提吏書枷號比追則法行矣都司該科出放軍粮弊亦淵深堂官不敢查問放粮冊與軍伍冊多不相蒙云

一倉粮上納支放弊亦無極姑舉一端言之上糧槩斛一尖一平支粮只平而放出每斛尖加二三升積少固可成多矣昔年有管粮叅議親身查盤終日汗坐逐一量過剩粮一千餘石古稱克勤小物豈不有益倉之積弊不可勝詰民膏民脂惟當路之深念

一古稱出納之吝謂之有司漢高以黃金四萬付陳平行反閒不問其出入之數此豈不可及者哉張循王過園問一老卒能生理否曰能與汝萬緡曰少五萬曰尚少循王竟付五十萬老卒買木造船買美女教歌童請告勑數十道置貨浮海歲餘歸納百萬仍乞身爲灌園叟此二人皆奇也聞察院贓罰貯府縣者近十萬兩有司不敢借支今城工軍餉所需皆急謂宜擇其施恩博而垂惠遠者傾府庫以助之仍大出示曰某項該派里甲今已措處免派矣斯民之感悅其有涘易曰損上益下民說無疆自上下下其道大

光且財稱泉布未有不流通布散者復　命之後將以十萬付他人作恩澤時哉不可失

附錄陳青田公復書

僕毎閱　皇明通紀文衡諸書見令先翁文敏公疏論多憤發忠肝透徹時弊心嘗嚮慕比會譚二華公祖輙稱公慈谿之政嚴毅有方可備將相之用兹叨役貴省請教之心毎惓惓焉昨辱示二縣皂徭一節隨批行查雖其中委曲非由縣家所匿然公之留心民瘼槩可見矣適承誨諸條尤見不以僕爲卑鄙甚盛心也世變江河風會日趨紀綱之欠嚴賞罰之欠核誠有如來教所

云者觀風之臣與有責矣但今之守巡或難盡以昔論者昔時久任法行道官俱有任至六七年者是以得專其展布而任其功罪覩之老僉之諺可徵矣今之任未久而即遷員經年而告缺比其失事之時多係任淺帶管之官一旦亦以重譴加之顧不難歟此從輕之議所由起而姑息之習所由成也焚香鞫賊登時處死王櫱谷偶然行之則可今人心不古佹釁日開而增城諸縣里排專以出入結賊爲利若信其焚香之言冤魂怨鬼將不充塞道路哉無論其他即賭博一事乃廣之盜源可惡爲甚上人一欲重懲之則棍徒乘風且將明責數

十年之産而揑稱賭局所輸者況以殺人重事而卽聽此輩之口武斷虎噬之凶又莫知其所紀極矣衙門積弊雖艮吏莫之勝革旨哉言乎築城重役外縣不才官吏不能信其無弊如有控訴聞風者未嘗不痛懲之顧一人耳目柰其不周何哉里甲之費遠地難知番南二縣庶幾法度嚴𥨊僕舊遊浙中遍歷州邑均平之法尚未能如貴省之詳也錢粮催徵吏玩民頑二弊俱有卽南海城銀原泒九千今城將告完而欠者尚六千僕自出示諭又枷該吏至今猶欠四五千葢自差人下鄉之禁立而里甲輸納之奸成雖僘院嚴責而縣官猶以守

催爲憚恐蒙驕擾之名也催科無善政亦古格言哉來教未引出納之吝而欲生蠲積贖以蘇民困此非愛人以德者孰肯言及此敝院贓罰連年地方殘破及軍中借用所積甚少僕接管未滿二年軍門題准充餉者一萬指助城工者五千二次奉勘合解部者一萬四千見今復　命之期倒又一解昨行布政司查數據報各屬見解至司者僅四千七百餘兩郎日起解則司庫罄矣各府未解只廣州或可二千番南二縣或可千餘潮府或可千餘又因吳平用兵那借急用今恐尚未得處補餘府縣俱僻小縱有解未到者總不過二三千此司庫

府簿見在可按者是通省寬筭尙不及萬而公謂近十萬兩何相懸之甚耶貴省澳中船利週歲不踰三四萬兩近年薊鎭添兵部議欲取剩餘十萬解京卽此類也見其影而未覩其形將不指大如腰歟僕近因城工浩大原估不盡及見追不完是以或詞罪或吏役量批罰助約得一千八百之數正恐人不周知必擬旣已派粮又何罰助已將數目揭示五羊驛前及雙門通衢矣邇者　朝廷因千廊被火香品缺乏行廣東買進計費四萬有餘僕與撫院議將應解料銀充買且縮其價數亦近四千餘金初未嘗出示以邀名也不然又添一加派

之事矣川澤曠遠吏治襲汚甲科守令之說極爲根本之論去夏開銓之時僕已具疏陳乞但　廟堂未免以遐荒視嶺海恐南海東莞之外未必盡得斯人以充之也再論貴廣之民力今日固非昔比疲弊甚矣貴廣之盜賊今日亦非昔比猖獗甚矣欲去盜賊而無兵是責巧婦以無米之炊也欲養兵而無錢粮是責餓夫以千里之步也往時梧州軍門有八十萬之蓄而地方又頗承平無事間有一二竊發遣兵徃勦何患不前自二十九年以來遼薊用師川貴採木閩浙之餉皆有協助之移而八十萬告空矣財旣竭於上賊適生於下賊之初

生也徒御未蔓流毒未深剿之猶易爲力而當事者尙謂無害憚於議處兵財醵至今日臥榻之旁皆刀斧呼吸之頃卽江河矣東撑西持南遮北缺在人民只見盜賊之苦在官府只見措手之難今之流刼於鄉村者皆嘯聚於山林者之視傚也今之嘯聚於山林者皆屯據於巢穴者之黨類也僕於二源之賊力疏剿之今已進兵矣縱使殲之部落尤多非兵無以善其後也敝閩自蕭中失事之後養兵四萬而　內帑之發屢屢見從是以蕩滌甚易祗席有期貴廣雖黎將兵道坐擁重衘而無兵在手事勢皇狽乃欲責戰於市井之民壯脆疾之

衛軍鮮不悮矣使當今時有八十萬之積又何無兵之患乎有二萬之兵亦何賊之患乎有兵有財而盜賊不息兵道將領更何罪之辭乎今每歲所入僅足支目前之給而連年大舉之費俱括索以充　廟堂以貴廣富庶之地不但內帑無發即奏留甚艱去年僕與督府疏蠲惠潮四十二三年租之半竟不見允近日二源大舉督府只乞留六萬猶不盡與然則欲破格養一番之兵何以飼之乎即欲重新再加派一番如浙中事體貴省士民能無怨乎能盡輸乎南海縣城銀可例見矣日夕思惟罔知攸措至於有治人無治法兵食可去信不可

去之說是又一道也若不重兵不豐餉雖賢有司加意於民壯之抽選擒捕之精嚴則雞犬少警於鄉村庶可爲之節欲豺狼遠遁於山谷恐未易也豺狼不遁則雞犬亦難盡寧矣周子曰勢極重不可反其斯時歟其斯時歟諏咨訪問使臣職也芻蕘有言古人採之矧鄉賢士夫抱憂世之志又不以庸劣見遺賜之教誨何幸如之是以感發志意輒贅緒餘佇求教示報　命在節行將開之　當宁爲謹啟

復代巡陳青田公

暇治下之験民也投閒以來閉門省過不敢足跡公門唇

煩世故廼者以寡婦儆肅之說持示友人誤塵淸覽方切驚懼無地措躬顧辱洪慈不深加罪賜之報章亹亹盈幅瑕感激殊甚細繙教札其下問也詳其陳謀也遠其憫俗也切其憂世也深亨屯拯溺之懷起弊維風之志振勅紀綱之念式遏禍亂之猷一一備具而至誠有加焉瑕思惟美意佩服嘉謨若游上苑之春接目不暇若飮滄溟之水飽腹爲期又安能贊下風之萬一哉瑕聞之春風普物而黃鳥好音秋月揚輝而蟋蟀振響天機感觸蠢動且然瑕今在春風化育之中若不悉愚以復豈不孤秋月氷壺之良遇瑕昔年謁項毆東縱言及地方事毆東云與我兵與

我糧假我選練三年地方不寧我嘗其咎瑕曰公所言者家常茶飯也病人命在旦夕須有起死回生之丹甌東曰何如瑕曰察院欲平盜賊只消一拍案憲司欲平盜賊只須兩拍案兵巡欲平盜賊須三五拍案耳甌東大笑踰半歲順德盜賊數百作亂縣官招撫之文書通申守巡依允矣黃葵峯爲憲長倅申文投地曰盜止五百縣官招撫盜滿千餘縣官投降矣縣官大懼身督總甲領民壯捕逐不旬日盡獲賊時甌東已物故瑕每恨彼不及見也故曰信義者療世之靈丹也一拍案而信義申威嚴暢下官用命矣譚二華公爲浙東海道半歲間民壯弓兵無不揀練二

華離任倭大至盡數殲滅無一人免者許平日額外之輸皆養海卒而當時首級之獲盡屬陸兵軍門奏捷追論二華之功以爲第一是知任將者固不可不久以專爲將者亦不可不果以斂詩有之我日斯邁而月斯征夙興夜寐無忝爾所生若今歲不揀來年不練今歲不戰來年不征豈不浪費財賄虛度良時遺生民無窮之害哉古人達而在上則工師互相督勸以奬勳猷窮而在下則朋友互相琢磨以隆德業蓋未有委靡偷安而能樹徽光於永世者

鄉村盜賊責在里甲洪武舊制也今編保長保甲同事異名大抵皆周官遺意忌以爲用人勿疑疑人勿用既以盜

賊責之又以結賊防之防之之念重則責之之意輕疑之之心多則用之之意少古云上失其道民散久矣今保長保甲家報戸僉愚恐任用之不專而僉報之無益美意之不究而良法之無功是以有蘗谷焚香之說有禮下材良之說大意欲上下相體以誠相與以信相責以效相假以權至於縣官無以用其明里甲得以行其詐如台右武斷虎噬之云此則公輸不能揆拙匠以巧思后羿不能易拙射以巧目也錢糧催徵吏玩民頑二弊俱有眞如台右之教而枷號該吏尤中事情番南一體耳何彼之易完而此之不納番禺未嘗差人下鄉也南海正官陞任署掌更替

不一去年里役已滿新役元宵後乃承接夫以更替不一之長官而馭承接未齊之里役恩信不孚號令不肅毋怪乎吏民之玩且頑而徵輸之拖以欠也新官到任稍加嚴切卽當辦耳察院積贖十萬瑕昔年得自傳聞今承台教數目悉備乃知縛影捉風瑕言多謬而揚箕揭斗公帑已空雖台右救恤之心無窮其如公私之告匱何哉然而充餉一萬助賑五千則慈毋所以恤赤子之仁蓋已先於赤子所以望慈毋之厚者矣嶺海之民感何有極以上數節皆承台右委曲開諭瑕不敢不悉心回覆者未承垂示憫民力之艱難歎盜賊之猖獗慮錢粮之靡措念協助之無

由且申之以日夕思惟罔知攸措之云惻怛至誠溢於言外紆謨運用妙在心中非但瑕之淺識所不及知亦國之機事所不敢議也非在樵山承金幣之賜裁書馳謝而霸臺峻肅不得申達今附獻左右瑕聞善兵不戰善戰不陣古人神武不殺傳稱黃石公有秘法在人間皆仁人無敵之意今先破散其黨與剪落其爪牙則不勞而收效但此意不可洩洩則不誠不誠則不應也他時勞來安集似尤當用斯道若夫添以縣治衛以城池連以鄉落捍以兵卒此又隨時立法以詒久安瑕之所陳不過法外之意古所謂老生之常談耳昔官東土軍門下兵事之議瑕妄有申

覆二華公見之以爲頗切事情曲加奬借此乃諸葛信馬稷之誤非蕭何奇韓信之明幸其來歸是以免街亭之僇使其效用安能策歷下之勳過辱名世之褒徒切終身之感忽捧金玉之教彌增銘鏤之私恨山高水長至今未及脩書一候也燈下草率具啟言多狂妄干冐惶恐惶恐

謝陳靑田公金幣之賜

瑕山居不及奉賀新歲惟陽和布德薄海均春幸在帡幪之中實切生成之感矧素絲五兩之惠及於衡門俾菪溪蓀竹之濱增其氣宇紉佩無極聞狼兵數萬集在羊城今濞兇虎據於祟峊稔惡鯨游於瀚海浪賊蜂屯於内地羣

好鼠竊於近郊廣服悠悠未知天兵所向第瑕開之書曰火炎昆岡玉石俱焚天吏逸德烈於猛火斯誠古昔先民仁覆憫下之盛心也廣之積盜占民田産刼民財帛焚民室廬汚民婦女近日尤肆荼毒慘不可言雖盡數勦除未足以雪蒼生之憤惟羣盜之中良民不少一槩殺僇深可矜憐竊以爲大兵所臨宜先申四約一曰簡遞流移盜賊爲害久矣官軍之捄不至村民多從賊遷徙者當明示以大兵到處俱有撫民餽餉等文官前項流民許各赴告押遞回籍復業二曰捄扳被擄當明示凡盜賊放出擄去男女一口准免本罪放出二口准與賞功盍賊多通同官兵

將被擒人斷首作級俾其犯潛逃者預開斯路或有百一之生全三曰赦宥脅從宜明示凡被賊刼脅者抽身來歸准免本罪自相擒斬來歸准一體賞功但來即受廣與維新一歸原籍兇艮自辨耳四曰殲勦巨魁黨與既散賊首何逃倘惡黨尚多則官兵臨之拉朽耳大兵未集此四談者實爲虛謬今大兵既集似不可不申斯令望台慈俯垂神念委曲曉諭各官陰隲下民終荷　皇天眷佑且上下之所維者法而其德意流行有出於法之外者曹彬下江南城垂破稱疾諸將來問勸令設誓不妄殺一人夫妄殺者豈大將之令不能格以爲但服其心則不令而行耳恭

惟台慈仁義並用威惠兼流下之孚德舊矣倘更加懇切丁寧窮民實受再生之賜狂瞽干冒悚息之深

上李培竹都堂

舟中細閱諸疏廓清之烈有若迅雷極救之功眞如時雨而敷叙詳明足聳觀聽敬服敬服中間撮數處大提作一疏尤見老成持重不自張大浩浩乎若洞庭鉅浸豈淺淺者可測然末俗疑心而信耳切謂宜逐事具本以轟聾瞶亦古者露布之意何如何如昔人用兵所難者不在糧餉之間如列國分爭未見借糧於異域即如趙尉佗劉淸海以五嶺之衆虎視中原曷嘗數匱乏而苦不支今廣東添

兵設將計亦不多而甚苦者乃在乏餉此養者非所用用者非所養瑕前日謬稿已屢屢言之但今受人牛羊而爲之牧未有不求牧與芻者拙計以爲此事萬不得已請移文布政司竟自借支庫銀以救一時之急如有他慮身自任之昔汲黯開倉武帝奇焉大夫出疆事得專主况今有便宜行事之命何古林在福建時適大飢古林不竢奏報發倉賑貸至今人以爲美談今民之待救者豈但大飢又軍門所至海岳動摇文武宣力前者東方有急自湖公馳赴之及叛兵泊省又馳擊之不留頃刻是以上下震恐爭先效勞遂收底定之績望毋滯一方不時巡歷以副雲霓

之望幸甚幸甚北行日遠依戀彌深

上内閣李石翁

瑕受知於台慈甚深辱扶持公道而援其溺者甚至銘心刻骨無日能忘然不敢以隻字通候於門墻者鄙意以爲台慈以天下爲度故不得不爲天下而擇人凡推轂英賢拔茅側陋皆台慈公天下之心而受知者固不可屑屑申謝以尋常嘖典且以瑕不肖之甚而辱扶植之厚既無一得之長又不遵昔者悻子之蹤而委曲於世俗奔趨之習是自棄於頹流波蕩之中而深孤台慈識拔之盛心也是以守其踽涼然區區願效之誠則固有不能已者茲當大

朝末由躬拜謹齋沐再拜具啟布愰伏祈台照

上大洲趙尚書尊師

瑕不侍教於台函爲日久矣勞思忉怛與歲俱增山川阻脩無由立雪前后一十八年間僅一再拜空緘寫其瞻憶又不知其達否懸企彌深恭惟我師以數十年厚養由剛大以底中和所學安以成矣膺茲簡命正色　廟堂以表儀百執事內自都邑遠至海隅凡聞我師風采者莫不洗心滌慮思承懿緒矧瑕素侍春風之席其爲鼓舞更宜如何方今天下雖安英才雖集然重熙累洽積蠱殊深譬之數百年之屋宇其墻垣樑棟榱桷丹艭之類凡百皆傾側

腐壞故家子弟支頹補漏以苟一旦之安若疾風暴雨之夜雖愚者且急徙避之高明曠識之士獨柰何不早為之所也暇又聞人生以元氣為主元氣者壽命之源也善醫者審痾設劑而終不脫扶元之藥若病勢稍退便專補元氣以收平復之功國家所謂元氣者書之九疇皇極是也補養之藥則非和扁不可亂措其手何則審寒溫調緩峻量壯衰固自有神解之方非可以尋常億度也我尊師以醫國之手奠　宗社而永之命葢優優者乃暇有甘草之末願一獻焉以為渾厚博大寬洪簡黙亦海上之單方仙家固有以坐功却病者是聖於醫者也惟尊師之留神

上代廵王少川公

一各衙門吏皂之弊不可勝詰姑舉南海一事言之積年皂隸包當里長里長正身或有着役即被通同該房紛紜出票或歇案人犯或緊急軍餉或數年錢粮一齊押追慢令致期一牌一皂數十索繫一人必逼令逃躲多用安插然後皂人索銀五六十兩爲之包役役後則各項牌票亦復寂然有一皂包五六役者事之所以不辦民之所以羅殃多由於此乞審訪前項久戀巨兇置之重典幸甚

一自訪察不行而奸惡無忌嶺外奸民且豪横矣然訪察

甚難得實蓋巨奸積惡於凡憲臺稍寄耳目之人無不物色而結其歡心有事反爲之聲息黑白混淆多由於此又承命訪察之人賢否不齊或借以招厚賄至於密訪鄉官鄉官亦難盡信是故訪察不可不行而行之爲最難最難者也

一自潘代巡陳我公青公相繼按臨皆體悉民隱通達下情如置鋪戶和買簿置庫子火食簿置里長支應簿皆所以糾察貪婪寬恤民力近日革去庫子收支里長只納支應銀在官每月朔望里老得入察院作揖言事尤爲澄清明達之要乞申守前規斯民實受安靖之福其

里老入院言事亦多有積年教唆健訟之徒乘機逞詐乞示諭凡里老作揖稍具在城在鄉籍貫連名手本以資詢訪而稽察之術存焉庶光棍知儆不爲善政之蠹

一省城兩縣吏弊尚稀外府外縣天高日遠生民茹苦無限誠仁人之所隱昔周茂叔來廣州深溪僻壤無不涉歷凡以廣昭德意也今一人之耳目安能遠及所賴與共事者巡守及府縣正官而已開誠布公使人人舉職以福惠生民在明臺之運其樞焉

一二源大征之后以清查田畝爲第一義招集流移次之添設縣治建立城堡又次之蓋二源地方雖在萬山之

中中間沃壤甚多舊額稅粮與田畝多有參差皆富豪奸書之爲弊盜賊占據之爲厲也今及此掃清之時倘得廉幹官員先將各都里田畝限山阻海分區查量以足舊額實爲便益又山間之田國初未經丈量多有隱漏今查無稅者或陞科以廣里甲或開墾以資軍粮無不可者或以爲盜賊爲毒十年今大兵所過荆棘生焉當以撫字爲急不當屑屑尺寸之土此惠而不知爲政者也奸書通同富豪作弊富者食無稅之田貧者納無田之稅太平無事之時既難稽考盜賊生發之日又稱覇耕今及時清查正朱文公所謂井田須創業時可行

之意也若夫寬無稅之田以爲撫字則置䝱稅者於何地是未得其平也

一政理之廢興存乎紀綱之張與弛紀綱之張弛在乎是非之辯與淆先君云是是非非而天下治非是是非而天下亂又云公道之在天下與元氣並運公道不明元氣或幾乎息矣司國是者主張公道而已矣是者必揚非者必抑抑揚得義綱紀斯張風行草靡其何治不振今姑舉是非之大者言之兪總兵者當代偉人東南柱石非但謀略出衆沉毅靖民乃其學有淵源志追古始身先士卒非勇也許國之忠忘其身之在陣也功讓同

儕非謙也報國以人忘其功之在我也廿載效勞連年奏提五嶺遺民誠有庇覆乃遭章放逐公論奈何言者之詳瑕不及知想必以爲老師佚寇害民傷財而已請爲當事者計之福建自戚總兵平倭以來巳逾三歲而每歲養兵尙需十萬今俞總兵征吳平費止數萬平新舊倭不及兩月計費數萬大征二源費亦數萬一半歲間掃除山海十數年之寇掭嶺表塗炭之民雪肝腦塗地冤死無窮之恨費不大而功豐時不久而烈茂軍門有拱手仰成之論士民同加額感戴之誠今大勳未酬而嚴譴先及其奈之何前日學考出岳飛班師之論昨

社會說詩六月之章惓惓於張仲孝友以爲內有蕭何然後外有韓信之績似皆有爲而發也公道不明紀綱不立忠智之士何以策勲瑕以爲此事遲遲以久是非終定但久以待其定者衆人之常而急以伸其冤者明臺之事今宜於各項功勞應勘報者急與勘報應陞賞者急請陞賞大將雖去其部曲勤事而多功者先行慰諭奬賞以安其心而記其勞斯誠用人之微權也仍乞會同軍門保留俞總兵照舊開府廣之東莞專一操練衛所軍丁民壯弓兵等兵握山海之衝備東鄙之急以待貿易番夷不時之變實制治未亂之先圖保邦未危

之遠略也瑕於俞公無一面之識但爲公論不平且薦賢爲國乃明臺第一義而文武中可特薦者抑孰有右此公者哉爲是妄發以資蒭菲之擇

一　同寅協恭古稱盛美昨承台教首以斯義爲言不勝欽服今嶺海當事之賢類皆一時之選至如軍門自湖公者眞百年罕見之督府也其所措施運用皆先謀后勝操得其柄握得其機節已愛人推心體下是以雍方張之寇如拉朽芟積年之兇若燎毛蓋有以爲之所也今姑舉人所難者一二言之浙直用兵費數百萬福建用兵費百十萬前者軍門征張璉費數十萬今自湖公二

三年間征勦擢廓視福浙何如也初到任日布政司報
庫存餉銀不上四萬兩爲俞總兵征吳平事空帑與之
無吝色不二月倭夷大至而叛兵適從中起庫懸磬矣
自湖公東奔西馳以急雲霓之望銖搜兩刮以應羆虎
之需畧無顧惜喪沮之意機沉氣厲事卒底定此可謂
甚難者矣衆以爲此時軍門歸蒼梧當休兵積餉二年
后又復動耳乃叛兵之撻未馳而大征之疏已入萬金
之餉粗備而二源之旅已陳深溪窮谷之民朝立刀劍
之間暮置之袵席之上早陷泥塗之内晚授之室家之
安眞不世之功而甚難甚難之事也舊例凡軍門到省

城官司之所供軍舍之所索兩縣里甲費銀以千百計自湖公到會城里甲晏如也舊例大征各縣買馬百十疋每縣里甲費銀不下數千兩自湖公大征俱令軍官自備馬疋隨征各縣晏如也浙直用兵加額外之徵數十萬至今爲毒自湖公倘以爲因地方之故而加取地方之財誰能怨之乃正供之外分毫不泒合省晏如也尤所謂甚難甚難者也凡此想明臺未入廣日先已熟聞而自湖公近刻疏議想亦徹覽瑕今顧復喋喋者鄙意以爲知其寅然後可與同知其恭然后可與協將相協同則嶺海無難處之事是以爲高明樂道非常之善

也自湖公與生僅一面耳

一洪武起兵之初天下事未可知而所至必嚴掩骸之令今日與我血戰而身膏草野者明月卽爲收藏之聖人之用仁如此今天下一家　皇恩浩蕩群生之類咸荷嶙嶸乃省城門外骸骼盈疇行者掩鼻幽魂怨魄暴露無歸上干天和爲災不少乞嚴行有司加意掩藏今后凡獄囚身死俱要仵作人役掘土深埋免飼鷹犬澤及朽枯終受皇天之眷子孫其逢慶

一洪武舊制自皇都國邑以及里社皆有厲祭清明三月七月十月凡三祭所以恤孤魂者甚厚今縣官此祭已

爲草草而各鄉里社絕無舉者矣乞行各處有司躬親
蠲潔仍督勸里社脩復舊典各社只得年間三五叙會
酒食百分之一即可備禮禮成之后仍享其餘耳何傷
於財然於施予幽沉之惠感召太和之機潛消災殄之
端默祐豐登之慶其理或不可誣也

上吳自湖翁大司馬

恭惟元老奉　天明命保恤我嶺海遺氓除其寇虐撫勦
並用威惠兼行撫則百粵生春勦則八蠻授首惠則渥澤
旁被威則氛祲全消深谿窮谷之民朝立刀劍之下暮授
之室家之安旱溺塗炭之中晚措之袵席之上此方人士

但目覩除暴誅亂之績而不知所以致此何由也且嘗此治極蠹生之候大壞極弊之餘帑藏告空公私咸匱衆人目擊盜賊猖獗付之無可奈何乃元老西伐東征以副雲霓之望空倉倒廪以急熊虎之需畧無顧忌吝惜之意真所謂大勇大智而誠以行之所以動無不宜膚功之奏易易也伏自元老勦平倭寇時曾得一瞻風度其時毎欲有所陳說而侍側高論領畧神謀皆晚生輩所不及萬萬或稍測至其邊岸則又皆元老已施行而有成效者竊自嘆服曰消消者何裨江海之潤是以括囊至今然心之惓惓未嘗一日置也竊念元老夙興夜寐遠慮深思以勤我子

民任大投艱擔危履險以憂我邦族乃錢糧靡措協濟無由上未全奉存留之　命而下終不可欠者大軍之需斯誠不可不早爲之所凡我子民苟有一策謂宜悉陳以資採擇是用忘陋布愚併近稿一帙上塵清覽伏祈隱其惡以曲全之幸甚

一請開龍門鐵冶之利古者富國强兵之術以鹽鐵爲首務兩廣鐵貨所都七省需焉每歲浙直湖湘客人腰纏過梅嶺者數十萬皆置鐵貨而北近年惠潮鐵罄告開龍門鐵山迄未准行客商艱於得鐵多懷空銀回家竊以爲當此大窘之時宜多方招商起冶凡

有鐵山㚤聽令煎鑄上裨軍餉下業貧民一施行間實陰錫貧民十萬工作之給也或以爲窑冶所趍聚集奸人爲他時地方禍此横議也天下鐵山何限若皆慮患封錮民間當無鐵以爲釜鐺倘御得其道以大商領衆因其便宜申其約束繕其營壘設其堡伍官府結之以恩寬之以利寺之以法定之以和山寇出没約令自守財賄自捄黨與得敵者與軍官同陞保衆者與文職同錄商人因利獲福有效力争先者是不但無禍且種豁嵩無窮之祉也今告者發勘展轉留難遠人沮喪深爲可惜古稱却衆㢈以益敵藉

寇兵而齎糧得毋類是

一請開各處銀鑛之利聞昔之大商知盈縮之計者毋擇出產銅鐵金銀之山以居卒收百萬之貲未聞執紀綱之柄總百粵之財攬山川寶藏之都而束手嘆窘乏者也銀鑛出廣東西甚多近年厲私開之禁犯者罪至死亦以盜賊所趨爲地方害故也今禁之數年而盜賊彌熾豈鑛之爲祟竊以爲宜弛此禁凡有鑛所在聽民納餉開煎以裨國課或擇利大而害博者就撥軍馬一枝駐劄其地揀清廉才幹軍文職官統之官自開煎倘得足給工費亦養此一枝無糧軍

卒况或有羡餘以克别餉哉昔　朝廷責雲南取鑛銀都堂下各府各府少得利獨麗知府親身監煎數月得銀五六萬兩此一明徵也傳稱有人此有土有土此有財所謂財者豈專在田畝間虞書水火金木土穀謂之六府六府者財貨所都土穀其一耳

一請收私畨接濟之利一得之愚以豫爲要具在别稿或有可採乞賜施行澳中事體經紀弊端非愚所悉在海道加之意耳大抵非嚴不濟

一請收省城稅權之利書稱底慎財賦言慎揀掌財之官劉晏以淮鹽足國用所委任皆文士有風裁廉幹

者得底慎之緒餘乃收效若是今省城魚鹽竹木牲酒凡百瑣碎之物經稅課者皆司之以雜流出身之輩卑汚苟賤之官而又把握於積年廵攔之徒貢十抽一使民脂民膏多入蛇鼠之穽深爲可惜乞委科甲勤廉官員專管痛查决有裨補

一請查驛遞縮冒濫以資軍實看得各處水馬驛及遞運所每歲額編各縣水夫等項銀兩每驛不下數千多者至六七千兩計兩廣衝要驛遞甚少縱令十分衝要所迎送者不過本省當道及鄉士夫見任者非若江浙爲數省通衢冠蓋相望答應繁難也昔年關

文冗雜支應且數今專行勘合十減其九宜前項銀兩十費其一足矣乃關文減前而額編仍舊此獨不可撙縮以抹今日之急耶乞委廉幹不避怨謗官員逐一淸查一洗積年包攬之弊裁革水夫船馬被褥轎傘供應等項花費減定額數行各縣嚴追餘銀解府餉兵斯亦當損之時二簋用享之義也

一請諭里甲行免役以濟軍需府憑縣縣憑里此官承舊體也縣官無里長如蠏去其爪爬挖不前然亦在人所處何如耳三十六年天下通行免里役追銀解京將下年項役挨至三十九年相應攢造各里長乃

覺冊籍大亂告要九甲派銀還第六年補當免移第一甲作第十甲冊籍得以仍舊瑕在慈谿上司准行時庚申二月也瑕承委往温州查盤歸又往杭報命比復任已近六月瑕集諸耆老語曰予欲免派里甲補銀除均平外減通縣四千兩之派何如衆曰甚善但第六甲不得銀不能補役瑕曰今已半載尚未着役不若一發免了衆曰誰人服事官府瑕曰錢糧責付該催宿牌予不復出人犯有當到者貼名縣前或諸人互相告語出來完結予爲爾忍耐半年也衆大感激遂不用里長過此一年亦無甚大廢事今時事

孔棘乞以至意諭各縣共濟艱難凡里長願納銀二十兩者准免全役願納銀十兩者准免半役通行各縣委府官一員收銀出給免票凡有領免票者該縣皁卒不許更到其門此為淵敺魚之一事近年里役若吏皁牌票之繁如火益熱此令一出决有應者每縣可入數千或曰縣官無里長人犯難拘錢糧難辦正額拖欠得不償失也夫錢糧之辦當於該徵收頭及排年盡卯加之意耳若人犯不得不提者請稍寬差人下鄉之禁以助官威但下鄉而前件不完則官吏與有愧責云爾

一請慎抽分官員以清宿蠹梧州木植南雄椒木各處盤鹽皮張等廠皆貨賄之所聚軍需之所出不可不慎揀其人昔年多容幹濟差管近日頗加選委庶幾得人然利之所在其弊淵深廠中經紀人役皆積年奸猾老於其局之徒雖勤廉精悍官長未易馭也昔房元齡爲相度支員缺未得其人乃自領之此事眞可深念竊以爲前項抽分職事非甲科强明者莫可委非掌印正官莫可委不肯躬親細事者莫可委也

一請杜囑托以防耗蝕凡海道捉獲私番椒木匿稅湖絲違禁貨物及鹽課私販皆動以千百金足供軍餉

不可容請勢宦囑托放免損官威而虧國稅所得幾何梧州木植尤宜毋俾勢豪冒認近日連州洸口新設抽分歲納千兩聞有出銀千兩請托幹收請出示諭有加二千兩者准與管收亦裕經費之一端

一請查造册分戶之弊凡分拆戶籍有印信下帖者當官准拆者也無印信下帖者書手私自花分者也嶺外天高日遠造册之歲正官應朝署掌不才官吏每開一戶取分例銀六七兩貧民無措書手因而爲奸詐銀三二兩爲之私立戶籍每縣私開多者至二三千戶利歸奸書乞啇諭各縣正官先將册籍查今屆

開戶若干乃弔書手下帖挨圖比查如無下帖開戶者每戶追書手銀二兩入官仍明示通邑前項作弊止追書手詐銀並不干連開戶人等俾各安心免致書手重復乘機科詐且恐嚇開戶人赴官告曰未嘗出銀與書手也

一請行無力徒工之贖犯罪問徒審無力者押發擺站謂其罪大於不應是以苦之如此乃押發到驛專爲官吏開一騙局無銀拜見者百般欺淩骨立鬼形而未已有銀拜見者一味容縱月供歲獻以爲常無益官工有資吏弊莫此爲甚查得近行有準折徒工之

例審果無力倍折大不應之贖民易完輸官增經費每驛徒犯多者四五十名闔省何啻數千折贖似不少也或者嫌此例弛法長奸是以廢格不行然與其賣法作奸於彼孰若姑弛於此之爲得也

右瑕所陳數事鄙末不足觀聽且或多係見行望恕其煩瀆幸甚瑕昔承乏慈谿通縣糧三萬七千餘石轉而供軍者三萬石其餘百司俸給學校餼廪京師額解不過七千餘石此乃天下通例瑕嘆曰國之養兵可謂厚矣而又力役之征有巡司弓兵數百名歲以二千兩中葉加民壯之征歲以三

干兩民之膏髓盡矣乃無事坐食百姓之膏腴有事坐視百姓之塗炭究其所以豈非紀綱不立信義不守上下苟安姑息從事之致耶會其由漸直軍門論列一二譁一二華公見之以為頗切時務時上青田翁罪言稍及此意未貴心悰今幸觀明臺振勅紀綱秉崇信義文武職役遵承約束之不暇老奸巨猾彊梁不可使者奏合戢習無措斯誠制勝之本源定治之樞紐備及此遠邇畏威之時委祀文武兼資大將各處衛所軍士加意簡稽清其冊籍核其冒濫沇其老弱足其衣頗較其軍職

教技藝以精練之常調遣以勤勞之今赴敵以擾習之抜其鷙烈以奬率之一半歲之間鈍可使利弱可使强耳天下豈有有能之將而顧不能治無能之兵哉巡海二道民壯各巡司弓兵尤當選肆毋令市井官門游惰包占食民近月威令所孚海防嚴整鄉落稍寧然未是十分太平望更加意焉此三軍者可使則兵食皆在其中矣與瑕又復妄發惶恐惶恐

霍勉齋集卷之十三

南海霍與瑕著

十三世孫有光　世光重梓

十二世孫進芳校字

書

上吏部楊太師

恭惟台右承弼一人起天下之賢才以圖天下之治理乃過聽輿論使陋劣如與瑕者亦得與被恩波感激之深非言所能喻今惟早夜鞭駑礪鈍以報稱萬一耳瑕聞周公勤吐握之勞以延天下之士所師而友者數十百人所汲

引而教誨者數十人卒之成周官之法度垂百世之典謨皆數千百人者與有力也而天下後世獨稱曰周公之材之美而百執事不與焉用人則裕從古以然今我台凤興夜寐惟海内之賢俊是致是來冀得仰兼待且之矩其所以成法度而垂典謨沛德教而流聲聞者抑有涯哉方今天下雖安民生多故譬之數十年巨艦其帆檣樓櫓篙楫之屬皆腐敗不可收拾平時無事尚塞漏刮滲徹夕不安若疾風暴雨簸蕩於洪濤間則立有不支之憂爲長年三老者可不爲之寒心哉直道國家之檣帆也庶政國家之樓櫓篙楫也紀綱法度國家之桅纜也饑饉盜賊國家

之風雨洪濤也而台右國家之長年三老也長年二老覛樓檣檣桅之屬皆未足以備風雨而泛洪濤則必鳩材集料而爲之善其后夫賢俊者國家之材料也台右夙與夜寐惟海內之賢俊是致是來此其鳩材集料者可謂厚然疾風暴雨之至尚未見桅纜之堅牢此必其材有未適而料有未足是以不能易敝艦爲新舟愚聞漢武當文景安養之后紀法不立夷狄內侵知國勢之漸卑是以萃天下之豪傑而整齊之當是之時衛青起於降奴去病振於牧豎汲董公孫東方相如之屬皆聲應氣附遂舉茂烈此識拔英奇之效也孝宣知閭閻之疾苦慎重守令終久不遷

公卿有缺即以注補此總核名實之效也愚以爲台右今欲使材必適用而料無不足亦在識拔總核之間加之意耳瑕本狂疎無一可取然蒙台右手援於已溺之餘竊自附於同舟共濟之義不敢曰吾司篙楫固不可預執柁者之謀也異時破浪飄洋既躋彼岸司篙楫者納屨而去而執柁者獨擅濟川之功他人安所與哉茲以大　朝不得瞻侍顏色敬齋沐再拜祗申下悃極知狂妄伏冀炤原

上徐蒙泉翁

已未之春侍領教愛其秋即拜違台從自后天遠水長未一通音問然式師道範則時時在心目間盎台右與八

以誠飲人以和而汲引後學之心尤無窮已是以使人久別而不能忘瑕自海珠聯光風之席金臺接霽月之輝每謂日得侍長者之側眞可私淑以寡過乃一辭别動以十年積其悔尤遂甘腐朽言念君子所以勸勗后生者不副一二中夜以思追愧何限不知鴻慈何以痛策之也兹因人便附寄遐悰

上何古林翁

白五羊奉别兩辱南雄南安手教皆以慎重垂誨感刻感刻瑕以八月十一日發海珠十月十一日抵寧波一向不及裁候此間浙人自京來者甚多每詢太夫人動履康泰

深慰遠懷昨閲報邊儆頗急得毋勤念當今　聖君賢相躬儉約以整肅庶官下及執事之臣莫不循守法度無有冒濫而四海九州巨億供需十九以輸邊鎮　内帑之料價撫按之紙贖皂卒之工食皆盡減削以充餉國家之養兵可謂不惜財者矣乃一有虜患千里膏血塗地而莫之拯是可不爲之傷心哉瑕竊以爲此事非一大振作終不可以言治欲大振作必須大豪傑使扁扁小丈夫當之恐有反噬之憂遼東大同南都之事葢其轍也瑕所謂大豪傑者必如漢武拔衛青去病於牧豎宋高得武穆世忠於戎行　本朝石亨起於賣菜傭皆以匹夫而將十萬威行

千里是其人也如此輩誠得一二人而寄三軍之命何憂乎驕卒何患乎冗食何懼乎戎夷惟我台丈之留意語云蛇入竹筒曲性還在因附問安輙又妄發伏祈清炤

上陳青田麗惺菴張滸東

瑕荷鴻慈得再補復玉成之賜實出尋常語云知我之恩與生我等銘之中心何時忘記然自被　命以來經冬歷夏踰三時矣乃不敢通隻字於門墻者非敢故爲踽凉以自疎外其鄙意以爲以言謝知已者其爲情也淺以實報知已者其爲意也深大丈夫處其實而不務於言就其深而不汲汲於其淺是以勉趨執事之列朝夕效勞冀得少

罄勤劬以答識拔之厚也然褊褊之心孑孑之行所如不合成性難移麋鹿之慣長林恐終不能躡麒麟之游清世也安性順命其敢云云齋沐裁候伏祈清照

謝譚二華都堂

瑕以朽材辱台慈匡植感銘心膂仲夏在羊城專人馳賀布其遐心蒙報書面命若父師之教子弟尤切感激到韶州會具啓申候諒徹台前茲接到薛子所齎遠翰焚香捧誦喜慰交併中間期望責成皆古大賢之良躅非悻悻褊夫如與瑕者所能躡其芳塵深爲孤父師之教愛是懼瑕今所以黽勉補復夙夜效勞者一則恐負汲引之深知二

則白髮老親未沾恩典冀倖百一得受　榮封於生前耳苟得如願卽當潔巳歸棲甘老泉石豈敢小智謀大妨天下英賢之路哉語云人苦不自知邵堯夫云前面路徑要濶不然自身容不得瑕所自知者如此卽台慈所以箴誨與瑕毋與水爭之訓也鎔鑄火力不足其如頑鈍何哉惟我台慈身任天下之重心先天下之憂運掌太平追踪邃古我后生小子暨海隅蒼赤實荷幈幪之賜雲山萬疊侍側無由敬附便鴻祇申下悃

寄樂亭郭嶺東

一承顧而失迓兩造拜而不逢非但年弟之情不展毫末

而於公祖之禮歉如也所以不敢舉賀者廣東鄉士夫近有約每公祖父母蒞臨只會衆旅進四拜不獻金幣當道多稱之曰便是以暇昨踵門畧去煩文所願者面領教誨伸慶忭之私所懇者道旌早臨廣服以慰來蘇之望不意其相左也惠潮二府地方千里盜賊縱橫十多年矣今不亟爲之所二郡將至於無民二郡一揺闔省奔命闔省郎有大艱中原豈能安枕乃廟謨深遜恒以根本爲重嶺外兵食不深救濟殊不知髮膚微恙亦爲心疾而半身不遂或手足風麻則人人知其元氣壽命之期善醫國者奚宜不急切謂台駕宜戴星夙往毋更遲遲夫難得而易失者

時也久困而易感者會也長刀大斧以應盤錯者機也不以遐方積頑視二郡平易寬簡至誠惻怛以存恤之其事猶反掌也彼閭卓有材賢雄畧之士望禮下而羅致之可不下堂而袵席千里之塗炭也惟仁人之留意瑕素性疎狂幸追年丈之末輒爾妄發亦以鄉曲剝膚之菑不啻同室之鬬義不容默是吐其謬妄以資採擇

寄李南渠閣老

舟過仙城素手登拜乃辱元老殷勤接引招邀於青山綠水之間指點於古木蒼松之畔實多時中之教奚啻方外之談論新竟二日之光陰道舊起十年之感慨晚生得坐

春風眞勝數載游學幸甚幸甚中因論水法貴於紆曲曲
乃徐徐乃深深乃聚台慈云人亦貴於委曲徑情直行非
禮也經禮三百曲禮三千凡以綱紀人倫而無不遍也瑕
當斯時卽欲避席百拜長者之明訓乃漫然應曰天生雞
犬腸皆九曲瑕非眞頑不靈而爲是大不曉箴教一至於
此抑有底裏亦欲及時陳說於長者之前敢終以請天下
之言禮義中正者至孔夫子止矣夫子與上大夫言誾誾
如也與下大夫言侃侃如也上下大夫不過僚寀等級之
間彼其所以處之者言貌辭氣已自不同豈曰作意禮之
秩也今爲知縣者古之君其國而子其民者也有父母之

道焉其所延接士大夫自舉人以上皆賓禮相見鞠躬屏氣惟恐失儀此普天所同也瑕豈敢抗戾於其閒至於歲貢生員例監雜流延接之禮亦當體古人侃侃剛直之意以少簡爲貴不可一槩混施縱然筋力有餘亦乃日昃不足瑕之所以直行而不敢循俗者一也自舉人以上升降揖讓皆如古者待上賓之儀加一等自例監生員而下瑕每前行雖則前行必三揖之三揖之固辭乃語曰古禮主人先客升今行古禮毋以爲簡也然后行升堂推左右立而后揖知禮者不過以禮辭有加於禮數等者辭之又辭其勞已甚瑕每直言以整齊之其所以不敢循俗者二也

洪武舊制賓主對拜不過以兩近日平等相見必至四拜四拜之外加以叩頭非禮也以爲欲隆其節則五拜三叩逼於覲　君以爲欲抑其儀則一跪數叩有似皁隸甚至一拜而叩頭十數一揖而舉手七八氣喘汗流如入蒸甑比其偃立腰半已酸古稱恭而無禮其勞一至於此有世道之責者所宜挽回此瑕所以直立而不敢循俗者三也古禮主人迎客升堂而立於左客拜主人升堂而立於右今入門以西爲上主人居東升堂以東爲上主人居西北方之上則又反此展轉趨蹌既加古禮一等乃居左相揖已成禮矣復趨右而加一揖居右相揖已成禮矣復趨左

而加一揖足恭已甚行前輩之所未行反復以思不謂爲是此瑕所以直遂而不敢循俗者四也夫先進從野夫子之志也大禮貴簡戴記之傳也侍於尊者覩不及其他敬有所專也與長者言傍問而不對禮有所重也尊者賜少者賤者不敢辭凡賜坐賜食賜飲皆惟命是從禮辭不固不敢以客禮敵且毋以爲長者勞也瑕所聞於父師者如此愧未之能習也若夫台慈委曲之教訂其率直箴其疎慢肫肫然欲成就之於中正純粹之歸寔所謂愛人以德者與瑕誓心佩服不敢安於性習之偏以孤長者作人之雅況敢强辯遂非以終於迷復之咎至於素所欲以其簡

易世之縟亦竊取古人以忠救文之義也何如何如恃在含容申其褊陋

寄張石里

承乏大邦不能二月乃辱我翁再三有禮來有迎去有送迎有賀送有贐翁於小子可謂殷勤者矣粤自二十載前在張丞相宅得接酒杯之歡每念舊游忽以零落存者復散處四方今獨幸逢翁於東海之濵可謂希濶之遇乃坐席未煖一酌不交遂以告行而翁且有斷絃之嘆是以踽凉如此然此心豈能以置之哉古人於朋友其義甚重凡以道德相師之雅也今人於朋友其意甚踈凡以世情責

望之故也乃若小子於翁實有師資之幸而翁於小子全無責望之心顧反涼涼如是則又遭逢使然靜言念之增其愧感兹因人便附布遐悰

寄何麓池

不奉教十年矣中心之懷靡日以置然音問乃甚疎濶豈古人謂以心相悉忘言者耶抑所謂積懶成踈積踈成薄者耶踽踽涼涼吾輩素性如此以此涉世宜其少遭逢而多流落然吾性天所定也吾命亦天所定也性所定者勉以補其不足命所定者順以聽其自來此與兄昔所禀承於父師者二十年間亦頗致力於斯矣是以得失寵辱之

際彼此相聞而不相慶弔謂之以古道相處亦似所恨瑕

歸山五載虛度光陰曾不及少展素業纘先緒今又在塵

途中匆匆過日也日月如流壯心漸减恐卒老而莫之成

柰何柰何相去隔止一水人便幸有以鞭策我

寄何麓池

得書乃知吾兄陞職告休不勝驚訝不勝歎息人生行止

自有定命不足掛懷但吾兄卓立三十多年揚歷中外清

操偉望爲時表表今公論方明正宜俾兄稍展爲國爲民

之素抱乃以冗秩處兄其必有沮之者此瑕之所爲訝國

家育才授任將求眞心實學有以福澤斯民乃眞心者多

不克既其心實學者多不克行其學士大夫一資半級奮爭力奪不耻不畏落井異材不令少立高位比其有事輒起無才之憂此瑕之所爲歎息也吾兄歷官内外大小酸辛鹹苦俱嘗之矣今杜門告老進退明白有何所憾所惜者處兄一府則一府獲福星之慶遇今若此民焉攸賴瑕固爲國家惜也瑕今亦落落不偶於時自知木石鹿豕是其居遊所以俛首低眉從事於軃虺之途者以老母未膺恩封爲人子終身之恨今躬逢　東宫冊立大慶獲如願矣此后榮枯得失隨所自來矣承教規瑕露才揚已簡人傲物皆痛切病症頂門一針甚感甚感當大書座右以比

弦韋瑕壬戌年得一子甲子又得一子今各五六歲矣家母平安今年六十四矣精力漸衰矣承問附聞

寄徐廓源翁

執公役效公勞迺辱長者禮意殷勤小子何以當之官吏半途告歸不及啓謝茲專人布懇捉筆間念我翁於當代人物品藻不爽毫髮而於近世士大夫尤洞燭無遺負後學之耆龜也驛館無事敬錄先大夫遺事及當時耳聞一二獻覽

一張皇親在正德年間所爲不法　世宗登極屢欲究之張羅峰執持數次後以　帝意堅稍將順暮夜偕

桂見山方西樵造詹事府訪先君語故先君曰若三
公今日順從此事明日亏披髮入山矣羅峰曰何至
乃爾先君曰處國家大事以仁厚爲本議親議貴國
法也今但宜勿咎既往含容至親以安兩宮范六丈
云他時殺得手熟我輩不免三公以爲然迄方桂柄
國皇親無事后夏桂洲阿　上意成張獄先君聞之
歎曰桂洲當不免先君去世八年夏果及
一交阯莫登庸篡弑乞封張羅峰在位峻拒之羅峰罷
相桂洲柄政竟與之封定其僞位先君時在南都聞
之曰中國所以爲四夷瞻仰者以禮義存焉耳三綱

禮義之大經三綱一淪天地翻覆移書肩其事者數百千言且昌言曰湛先生治權論甚佳我可坐策其弊又言曰羅峰當日若許之封不知入金銀幾十萬語皆在文集中欲以救桂洲而沮之也桂洲若罔聞知事成先君曰若桂洲得保首領是無天道后十年桂洲以罪誅又十年交阯亂一如湛先生之言

先君在留都禮部時呂涇野公來爲侍郎先君命瑕等晉拜指曰此學聖人先生也后學式師呂逡巡退謝其互相敬重如此后先君歛張羅峰祭禮呂見琉怫然以書督責先君先君數羅峰十事以復呂乃謝

曰偶妄發皆半日間往返之柬二家何曾置懷中近
覽后輩所爲涇野行狀乃謂先君陰沮涇野以此官
止侍郎而錯引前柬爲証按先君以嘉靖己亥冬自
留都別涇野入兆掌詹事府至庚子冬卽世一年間
不當事任而桂洲在內閣與先君氷炭先君卽世數
年呂尚無恙乃以官不入座咎先君其謬妄如此
一瑕見涇野憤羅峰柬問曰汝親素說呂翁文字弱無
氣此柬不弱文敏笑曰涇野一生忿嫉羅峰以大禮
不合之故此柬乃怒氣發洩是以稍健我所以回書
云凡人忌羅峰皆私意耳

一先君云大禮推尊既定諸公尚紛紛爭一字一節瑣碎間所以愈爭愈失如　朝廷欲請　興獻神主來京師呂涇野倡諸人力爭席書曰請問呂柟陝人也其仕于京亦有行主來否呂語塞或從傍爭曰天子以四海爲家只設主安陸可也與臣下不同席曰天子以四海爲家乃不得移主至京大夫以一家爲家乃可隨徃此何典禮耶或人亦無以應席之主張大禮每片言折之以此衆怒亦深云

與宿州林知州

會語間承詳示民隱足見惠下之眞無我之大所諭民壯

夫役數事頗以来悉爲恨別後細訪輿人稱贊美政不一而足如查勘合華馬匹減夫役逢官貴人屢犯不顧負顏流之砥空谷之音幸甚幸甚天朝選俊諒郎入侍清班不久淹大賢於枳棘所有區區似不宜布但古之豪傑每以不得領州縣爲憾謂其親民可以除奸華弊均徭薄賦以流惠蒼生也訪得衆稱宿州民壯舊額六百名台丈申明裁減二百名只留四百名與所面承教稍異然可以占下民之感德矣但見存民壯四百名每名皆指稱一役二人加倍取索細戶工食每名工食銀七兩加四百爲八百名共需細戶銀五千五百餘兩其扣追一百名仍於實役之

外另追銀起解此其爲弊淵上加淵者也上司所以扣追民壯工食者正以民壯皆市井游惰官門積年虚糜民財是以通行天下減革名役追銀充餉以募新兵冀下不加賦而上振威靈也今不革本州原額之一名而暗添里甲陪賠之數百豈所以宣上德而恤民窮生南海人也一縣三百零四里編民壯五百名皆追銀解兵海二道留本縣守庫承牌者不過三五十人未見其不足生官鄞縣一縣四百八十里編民壯五百名追餉一百五十名存留二百五十名内取一百六十名赴海道操演餘九十名撥本府者四十名在縣守庫承牌者不過五十名亦未見其不足

今宿州路雖衝要然民壯本非爲送往迎來之役勿用可也上司既減革追餉遵奉明文勿補原數可也一名而取細戶二名工食大出告示痛加究革可也此等弊害皆兵房沉痼之疾斷以必行勿疑勿貳可也大丈夫行事有益於民者直躬先之豈得畏首畏尾况此本無足畏者哉况台丈原不畏强禦者哉本州里甲夫四百八十餘名訪得里甲所出實有此數而官門應役不及一半皆爲在城積年夫頭或一人包十名或一人包八名虛冒名役消蝕鄉民而官府被其欺弄每有差遣尚須行路之費計夫四百名已耗里甲四千兩而官府所編徭差均平以資行路又

二千兩以一疲敝之州只夫役一事費六千兩他如此類又倍蓰焉細戶安得不逃亡四土安得不荒廢爲民父母其可恝然愚以爲宜密訪積年包冒之徒申稟上司訪拿薙削親召里甲各夫開心見誠與之立定程式編定簿籍挨定次序處定工價輪流撥用週而復始毋使狡猾得以買閑毋使愚直偏至苦累公道流布不患事之不辦也生初任慈谿徭役皂隸三十六名上司追餉九名存留二十七名各衙分撥外公堂只用一十二名亦未見其不足再任鄞縣徭役皂隸三十六名追餉九名存留二十七名各衙分撥外堂上只用一十二名亦未見其不足此縣堂執

事之數也其答應過客及鄉官取用又有民皂在里甲夫內取辦宿州衙繁答應過客之皂想別有處置聞堂上皂乃有百名若非徭差額設隨其白役猶之可也若皆編與工食則宜急申裁减以上數事皆一時詢聞路途之言未必皆實聊以請正他如太僕馬頭館騍馬頭本州庫子錢糧大戶等項一事留神必有一事之益一役寬恤必救一役之苦何如何如聞馬頭支應已通州均處足見惠愛古云不患寡而患不均恃在雅師翁知末得聞教言是以狂妄輒發

上石翁李閣老

瑕荷甄陶扶植之德實等生我而二十多年始得一覲顏色乃私心所欲布者曾不一措其半詞竟默默以退宰相之門又不可數進也是在下之分也握吐之勞又不可數擾也是體上之誠也是以竟不及面辭以出糾結之私祗積懷抱茲家兄與球入　賀敬附申候

復惺翁麗都堂

恭惟我翁以非常之材膺非常之任控馭寰宇之半總制文武之全海內仰經畫之成廟社委治安之寄大丈夫得時行道此可謂不世之遇者矣即當措天下於磐石咸裕內外以奏績　明廷小子何幸躬覲其盛雖然瑕亦有慮

焉劉晏之以淮鹽足國也行鹽之地産鹽之場賣鹽之商
理鹽之官以至州郡有司百姓賦稅皆其自管束自操縱
自除授自委任是以得展布其徽猷遲以數十年終其身
而后已專久如此何功而不舉我朝周都公恍掌東南財
賦亦二十多年權一而任久故事易辦也今我公事權非
晚生所知然鹽課有額屯種有糧巡察有官交納有所州
縣之間十羊九牧閭閻之下十室九空此非可以一人主
張其政令而伸縮其手足也不知我翁何以行之沉謀碩
畫決有非尋常淺識所能料揣者然杞人之懷亦不得不
吐露於知己之前也承翰示殷勤情均骨肉感激殊甚正

擬裁候緣自北新歸差人守催回書草率布此

寄李三洲翁

瑕二月間到杭遇張印江知我翁康健一舉兩孫慶甚天之報施善人久而後定如此彼淺中狹束者安足以知蒼蒼之事六月間以齋捧到京又在印江所得覩我翁送詩二律醇粹清暢遂爲一卷稱首敬服敬服瑕在太僕清閑一似居山無可爲翁道者昨山東驛路中邂逅廣差詢知海寇甚熾未有寧息之期深用悵然鄙見以爲兵固當練財亦當處然招撫亦不可不行也古稱萬人同死横行天下招之所以與之以可生之路欲彼不致死於我也裴度

成淮蔡之功岳飛收湖湘之寇皆招其渠魁散其黨與潰其腹心剪其羽翼以賊殺賊我坐策其成績此自古英雄戡亂之通軌望我翁與當道圖之

寄麗㴱塘劉素予尊師

瑕自去秋拜別台範十月抵浙曾一再啓候嗣是俗絆塵羈苦無暇日今年二月到南太僕四月卽齋捧入京六月之晦乃復歸衙樓臺未送暑而雲物已迎秋矣回首靈洲㝷側忽以周歲日月催人功業未建閑與懶積柰何柰何湛師翁贈謚深得李閣下石翁之力而何古林贊成尤不可誣何者瑕見石翁石翁謂鄉間公論須取正於鄉之賢

者如古林之論泉翁乃公論云此瑕親聞於石翁之言也近日我廣海寇何如古之覘國者專視其人今巡撫與俞盧翁諸老皆天下之選萬里長城寄於此矣瑕鄙見以爲兵固宜練財固宜請然招撫之策亦不可不行也宋人諺云仕途捷徑無過賊大將奇謀只是招廣東自有山海寇竊以來多循此弊然勿謂其弊也宗澤一呼而賊之降者數十萬軍以大振岳飛八日破楊幺專招其渠魁而潰散之今多設間諜訪各賊之親戚故舊以招之當有應者一處應則疑駭起可使互相招誘互相屠僇也此乃從古用兵之大機毋曰老湯招安已壞事也語云萬人同死横行

天下招之所以開其生路使不併力致死於我也尊師以爲何如望與當道計之

上惺菴龐都堂

前日蒙台慈委教適瑕齋捧回衙差人守催草率裁復未既心緒竊謂當宁之待老翁可謂不愛官爵不惜事權者矣夫付之以莫大之權者將期之以莫大之效委之以莫大之事者將望之以莫大之功予之以莫大之爵者將遺之以莫大之艱畀之以莫大之官者將圖之以莫大之報此瑕前所謂海宇仰經畫之成廟社委治安之寄者也然其間法無畫一事無專成使人有難措手者倘　朝廷以

惟一惟成爲主半歲后竢我翁詢訪已週機宜已悉紀綱已布設施已閑應天巡撫有缺即以兼之併總理糧儲又一半歲鳳陽巡撫有缺即以兼之併總督糧運凡地方小大之官俾得自保留自薦陟同心僇力歸於久任如此則在上非九牧之羊在下無駟班之馬一鞭策正鄉勤惟翁所驅何適而不可然此自當宁授任者言也我翁奉行勅書中間所得操縱所得伸縮所得展布四體而無曳肘之虞所得運用一心而效匪躬之節者葢必有大委任大責成爲恨未覩玆綸綍然以愚計之大臣之事與小臣殊而控馭廣遠與獨制一隅者異以擇所最急者起事以審所

最切者程功以推誠爲良以去讒爲大以知人爲務以進
賢爲先誠令得忠實剛直有猷有爲者十數輩布列守令
與我同心以憂國家何事而不濟所謂最急最切者愚以
爲今當訪邊方地廣民稀之郡可以興利者特保一人往
知其府事特保數人知其縣事專以治農搜粟爲功最或
六年或九年必要大成務令上下事使之間毋得苟且以
塞責其起手之初不可惜費必預借支鹽銀餉邊者一二
十萬兩與爲工本限二年後以粟償銀每粟一石准銀五
錢是借銀者無大費而借銀以與農者有大利也何者每
耕田百畝工人牛具種粟計費銀二十兩歲所收入丁得

一倍以其半抵還借出之數餘留作下年工本三五年后寬其征入定其賦額畫其閭里正其疆界修其溝瀆課其桑棗聯其保伍教其射藝導其擊刺俾之自保室家自睦隣里自守本業自捍寇盜官府又爲之衛以兵卒守以墪臺連以鄉堡固以城塹官民一心兵農協力平居可以給俯仰有事可以犯患難長治久安之圖也倘以爲務廣難周且用銀二萬兩擇便宜地先開千頃以漸試之亦其可也禹之興也盡溝洫之力周之興也知小民之依三代盛王咸遵斯軌我　太祖高皇帝初定江南限於人多地少甫得淮之南北卽倦倦分撥細民往濠梁廬州等處種田

蕩平中原屢下嚴令令山東河南北平每戶一年栽桑棗二百株次年四百株三年六百株又令鑄農器分給北土被兵之民仁政如此三代之遺也二百年來生長稠聚今腹裏之地不耕者鮮其有荒棄逃亡者徭役貪暴爲之敺耳邊方郡縣則多困於夷虜入搶是以百年坵墟千里蓁莽有志之士每握腕爲國家供養邊兵歲費以數百萬而每有寇入輒莫能禦大抵以數百萬民膏民血吮噬於積偷苟竊之渠奸詰之則曰銀無濟事兵無宿飽此其爲可歎之方是以勤　當宁之慮而重我台慈之寄也先君文敏公曾聞之太宰周用云山東北直等處得良有司興地

利一年創於三年見效十年大成又聞之大學士楊一淸云陜西沃壤千里得人力開墾三邊兵食不勞而足先君以此二人言上之　先帝且曰聖王裁成天地左右斯民之實功也夏后周王之實效也近日洪翁廵撫山東專責有司勸課農桑下行屬邑上形奏章申勅再三幾有成績斯亦其一明驗也雖然此兵食之大端邊境之一事然亦老生之常談經邦之末議也朱文公云其事不在邊鄙而在朝廷其具不在兵食而在紀綱苟紀綱不立誠心不開公道不布是非不白毁譽不眞智者謀愚者潰其成忠者奮奸者曳其尾雖使充國之在金城諸葛之在渭濱而百

十龔黄卓魯以爲之趨走后先無益於事㕘愚讀書至夫子言去食去兵無信不立未嘗不三歎也從古及今豈有無兵無食無人才之世惟其信義不彰如前之云是以不得而爲之用故曰以推誠爲良以去讒爲大以知人爲務以進賢爲先瑕之愚心有似螢爝不當熠燿於大明旁燭之前但荷恩素厚受知素深不敢固自踈外陳其狂簡仰答下問之懃不知其不可也

復龐惺菴

兩承教札皆經國遠猷康時碩畫而周詳慎重之意溢於言外書云毋輕民事惟難又云思其艱以圖其易斯之謂

矣敬服敬服瑕前承下問草率以平日口耳浮談請正方以疎狂爲憂既而捧讀台慈條約中間於客雲兵備墾田積粟一節再三丁寧且云本院職掌此最爲急廼欣然踴躍非敢曰智者所見之同實慶有志者之事之終成也大抵起天下之敝固貴於實心實力以爲之倡而就天下之功尤病於必信必果以速其效瑕前妄謂當自一府一縣試之亦以漸倡率之意今薊州既有成緒真爲可賀若夫邊方屯田如台慈所諭沃野可耕豈煩監督等語明白切中而其間深識微指使人默會於不言之表敬服敬服古稱庖丁解牛刀刃若新發於硎以其游刃皆中理解也望

台慈以神遇之而已外一紙俗庵月易一刀者附獻一笑閱復古議實挽瀨回淳之大端與太宰在金陵亦有刊刻然止於交際之文未及上下事使跪立之節尊議可謂中正詳盡昔先大夫深病士習足恭僞貌非禮之禮力挽頹風竟莫能反今先達同心以救末俗愚知其易易也初春出浙曾有書上李南渠閣老簡質之意雖自附於從野之末然瑕實徑情直行不中肯綮併附獻矣

俗庵月易一刀

一正德初年劉瑾竊權革三邊常例銀兩邊儲缺乏因詢國初如何充足或對以國初屯田修備后爲勢家

所占以此不給瑾遂慨然修舉屯田遣周東胡汝礪楊武顔頤壽等徃各邊丈量屯田以增出地畝數多及追完積逋爲能否則罪之於是各邊增屯田至數百餘頃比較屯糧刑加於軍官之妻指揮何錦等遂與安化王謀反以誅瑾爲名殺總兵巡撫及覈田大理少卿周東后何錦等伏誅瑾竟以是就僇

一嘉靖初年遼東大同軍士作亂問之曰巡撫處置乖方也究其狀曰因查屯田起也語在文敏奏疏中

一太僕少卿李槐亭云每見宜大士夫言邊方軍衛其富容易過日葢合衛皆仰食糧餉錢糧浩大無所稽

查而邊方屯田腴壤皆軍官占管子粒自出自入田
畆多寡亦無所稽查以此强有力者愈享富樂云

寄陳文峯憲長

自翁惠臨百粤百粤之民共荷𢃇幪之慶遐處遠方不獲
親炙光風仰止之心秪與日積去臘抵都接談士大夫問
則所推重老公祖者百口同聲非但吾廣人士欣欣相賀
而已居三旬爲今年正月得家書知三舍弟爲盜擄去此
賊得銀亦殺無銀亦殺萬無生理乃我老公祖以密謀奇
計連人併贓一網而歸何幸何幸此賊殺人多矣非天假
公祖錫福一方災害之流殆未知所終極與遐誠爲家門

稱慶誠爲地方稱慶

復海剛峯都堂

承惠教札二幅條約二冊連日捧閱眞切之意周悉之規皆自實學中流出易所謂節以制度不傷財不害民詩所謂柔亦不茹剛亦不吐大君子作爲超前駕后固如此中間不免剛直太過前曾奉啓太剛易折爲治去其太甚者望再留神念譬如久病之人五臟六腑四肢百骸處處受病元氣奄然一旦用峻厲之藥又用峻補之藥雜進之將有立斃之憂所以古人憑河之勇在包荒之后人而不仁疾之已甚以爲亂階雍容博大古之厚也何如何如瑕初

到都下聞衆人讒我公者藉藉大抵皆讒賊之口任事者自合任怨深怨者自有深讒是固大君子所不避然委曲調停以錫斯民無窮之福亦哲人之雅致也瑕固悻悻自好者坭佛勸土佛望笑納之

復劉素予尊師

小价北來祗承手翰所以教弟子者凡數百言感感中間道貴體得目疾甚詳不勝驚訝想近日全愈矣我師性地寬洪心天活潑一水長靜五火寂然壽考康寧皆自求之祜此其目痛決是不柰人情强爲樂飲所致稍加節嗇即佳耳易云無妄之疾勿藥有喜殆斯之謂瑕自入都每佩

明規深以愼言語節飮食自勵乃飮食稍稍節矣言語則或爲公論發憤觸時忌諱多起悔尤獨居深念自以性本鹿麋只合依止雲林飮甘眠薦若久游街市呦呦而鳴將爲屠人几上肉乃掛此畏網又未得躍然長往也回視師翁列位書幃翰墨詩社琴尊荔子番丹泛孤舟而漾影荷花散絲服單葛以飄馨兩兩三三載歌載笑眞上界之僊蹤明都之樂事可望而不可卽也自公之暇時諷所寄游樵等詩及唐山尊丈諸作神飛四嶺之雲心繞九龍之水聲之移人豈以千里而隔截節入淸明春風送煖登陵遠望雲樹悠悠瞻企之私山高地逈拜使裁候不旣心悰

復殷克齋

前日部中共讀尊疏文綏武戢並舉不偏寛弛猛張兼施靡紊以猫制鼠以狼擊猺既威之以其所必服先撫脅從后折渠首又予之以其所必懷彼脅從者知世業將入於狼家胥謀歸順自爾黨散而羣離爲渠首者聞醜類皆附於皇國退無所依立見土崩而瓦解此謂仁人無敵亦謂有征無戰眞老成之碩畫衆方歎服不已緣近議京堂事體紛紛未定是以遲於題覆明早即申尊懇草率附復

復黄斗南

前月已有短啓附候起居兹不敢贅恭惟台丈在三卿之

中名實已加於上下壽二疏之軌畫圖載見於都門善作而復善成得祿而且得壽留子孫無窮之福晉紳丕顯之光幸甚祗承華翰兼有三星遠意深情佩感無限歸人之便敬布凉悰從此音書何時更覯望不棄先大夫之好切惠良規

復安膠峯

二月間接黄斗南老丈差人賜書而我翁之遠札厚惠存焉拜嘉感甚所云先人直道而行葢逢其時今時恐不可爾此骨肉之愛當銘心膂瑕安敢望先人子思所謂道汚則從而汚瑕自知頗熟和光同塵毁方瓦合此其所素安

者雖然子夏昔寬司馬牛之憂乃曰有命曰在天斯言或亦可信夫既有天命矣則世之委曲營營喪直戕眞以苟祿位者祇見其心勞日拙而終不能逃大造之付予然則吾亦何苦而自餒其浩然者此瑕所以悻悻自好卒未改其初度也抑直而無禮古人所戒敬佩明箴其敢隕墜人便草草布其謝悰天遠水長南望增憶

再復海剛峯都堂

承差到接奏疏二告示五教諭一嚴詞直氣凜若秋霜讀之使人震悚駭愕徐而復之乃皆自實心中流出以昔實政作今實言非有異常驚俗之甚但世趨日下見此挽回

者以爲害巳風聞者從而疑怪之吠詈之及得台丈奏辯則又從而深嫉之然識者則曰忠直也百折不回者也直道難行自古巳然况直而無禮昔人所戒台丈疏中一則曰見得是二則曰不可易一則曰閣部庸臣二則曰舉朝婦人此乃我慢自高佛氏且謂無量罪過在吾儒則謂躬自厚而薄責於人君子求爲三自反也凡貴禮行而遜出也以是而言直氣嚴詞雖爭光日月乃似未及太和元氣之流行古之人辭受出處間不爽髮而其中用意忠厚藹然無圭角之露豈故爲是以媚世葢盛德之儀刑也來書云凡百可爲者望瑕固守而行今瑕自忖無一可爲可行

者只隨波上下泛泛類水中之鳧昨覩科中二疏憮然太息大書接輿衰鳳之歌將寄台丈且以自決歸計士佛先勸坭佛諒不久士佛亦從此逝耳自古國家二百年后毀譽必先亂舉措必先乖習俗必先頽法紀必先壞然后夷狄盗賊從而爲厲書稱傲化奢麗萬世同流易稱下申巽而上苟止早幾之士先卬后庚故曰蠱元亨而天下治也事在　朝廷主張姑順以竢之何如人回草率附布

寄翁見海都堂

去歲臘月暇從陸北行經鄒涉兖是以不得瞻侍顔色祗領教誨小兒春來迺過承睠復恵予頻繁差人送之直度

天津戾止國都公之體念微末一至於此瑕柰何不感激銘膂青萊登濟乃百二山河之區豐沛徐邳又喉咽京師之地　朝廷借重我公撫茲東夏其爲責備實大且艱矧以異常饑溺數千里無一青草遠近皇皇幾不相保乃我公夕不遑朝多方救濟民用無怨國家默受無窮之慶何可言也艮工苦心艮馬苦力禹稷平世自古云然屽竢威儀歸朝補袞后生小子得有式師

寄趙緝齋代巡

李春奉侍德輝獲聆緒論知所以錫惠我海邦者將如海涵將如春煦將如秋霜烈日以收保合之功將如閃電轟

雷以破妖氛之祲嶺海太平從此可指日計矣苟甚瑕平素謬妄每以爲邦家之理亂由於是非之辯與淆政治之隆汙關於舉措之乖與當世之不責是非舉措於在我者而但謂人才之用事勢難爲此自棄之甚者也憶奉別時台右有言但得地方利賴吾無愛於髮膚以此眞心施於舉措其何事不濟廣之士習雖卑官常雖紊然挽回之機本由一人凡在百執事之列望台右以誠心待之虛懷下之禮貌優之明察監之有不率者然后戒之飭之驅之逐之涵覆之下孰不感激思奮以答仁人君子之大造古云天下方亂非至公至誠不能定也惟台右之留神瑕不才

無能識遠者大者試以一二瑣屑上請凡百官賢否只宜虛心委托守巡及府縣正印官人以實報參伍稽詳不中不遠切不可假耳目於別色人等葢近日老奸巨猾盈城市每於所怨恨者横造穢跡以待盤查之出即投而中之故任事任怨者多遭無根之謗原其所以亦由在上者樂聞人過洗垢而求吹毛而索是以奸猾得伺其間古云豈弟君子毋信讒言言寬和博愛則讒言無自入也至於大奸大惡途人共目又孰得而掩之哉凡有司正印官出入里甲夫役足以自辦惟佐貳及學校儒官遠涉山川實爲勞瘁謂宜有以優之如高雷瓊崖等處鄉官過容甚稀而

驛遞供需不減於衝路倘蒙垂念凡府縣正印佐貳儒學卑官徃高廉等處登陟穹山跋涉苦海者行按察司驛傳道給與脚力以示優厚亦國家遠方應付關文之意也待之以寬行之以恕下之以禮體之以誠彼有人心者孰不感激思奮以答仁人君子之大造

復蕭龍石

承遠書委教古所謂江湖而憂廊廟眞仁人一體之義感感瑕伴食政曹無裨清世深孤親友期望之厚且性不偶俗動輒見嗤一發言悶傍觀竊笑者不知其幾自惟鹿豕之於山林乃其安宅若頻游都衢長鳴躑躅將入網中鏃

調乎鼎俎逝歸乎來西樵之西南樵之南桂子秋風梅花晏歲將隨台丈歌嘯其間以壽吾樂如尊教先名實以爲人非吾事也人之言歸草草附答

復譚二華

十四日辰刻奉承尊教續束以書不一而足中間維世之意憫俗之情溢於言外而於吾道通塞之機隱然一似有深憂者再三捧讀不勝感激古人應世以一視爲同仁故不得不以普施爲大用以兼濟爲盛德故不得不以巽順爲大權苟受知於君相則竭吾心力以效之毀譽是非在人也固不以難保者移其志成敗利鈍在天也亦不以逆

觀者貳其衷卒之一德所昭終足以流光於百世卽君相
求之或知且有隱忍徊翔委曲以求濟者若孔若孟若程
若朱皆優游宦轍老其身而后已雖一步不行衆口羣吠
終無悻悻見面之意嗟夫此其惻怛忠厚實千古仕人之
中路濟世之大德也此先君之言也先君當嘉靖十六七
年時言官恃寵援羣起而攻擊之瑕憤曰奚不去也西樵
之西南樵之南白雲紅樹可以高枕先君誦茂叔言曰一
命之士苟存心於愛物於人必有所濟必不得已止未晚
也爾謂我忘西樵哉瑕今固悻悻自好者且信其褊心過
事輒發知將重罹兎雉之網每觸時事卽欲掛冠爲念先

人遺言又復且止忽聞見幾而作投劾乞身之教惘然自失曰瑕止巳晚耶徐復思之瑕進退可綽綽耳如台右者當以盛德履中路宏濟蒼生措宗社於磐石古不云乎任重而道遠夫旣以一視爲同仁則安有税駕之期珍重珍重諸所賜教皆勉瑕求友以自輔親賢以自優不墮末習之談風不惜遠書之懃懇此上哲之良圖通方之遐軌非拘曲如瑕者所敢承也銘鏤中心誓不忘耳草率布復

走筆寄姚升宇

令叔祖來承寄華緘如金如玉申以厚惠且有且多藏在中心不啻口說恭惟雄才飽學雅志多能清修則秋嶂烟

霞麗藻則春園桃李騣唐逸晉稍稍見於詩章馳馬驟班奕奕形於詞賦即當命車北指射策南宫駿步空羣鰲頭占獨此其餘事何竢云言竚立以瞻駕發梅花之候擬拱而賀春歸槐樹之家草草倚函匆匆布悃

復歐陽八山

承示容即轉達于李次老近見次老云推陞事分毫不容僭差三四人當擢一官便先論歷俸次論保荐俸均即計及月日薦均即計及多寡多寡均即計有無新撫按保薦若無新保薦者舊劾雖佳無益也若都有新保薦者又逐一計其詞之美與平常凡此皆末世疑心信耳疑耳信紙

之弊然亦不得不如此瑕云古之王者六卿分職不過治千里之區千里之外皆侯伯自治用人行政王朝不遥制也今萬里海隅寄權於一撫一按尚欲捨彼舉薦而别有除授耳目安得及毁譽安得眞閫外之任安得專方域之寧未有期也所以撫按保舉不可不慎而任用撫按迺非兵部之職先子云欲天下太平只在吏部與都察院其指殆此胙者徐文臺年兄下顧問瑕云四方洶洶本兵者宜有長策以靖區宇瑕答云方今總兵參將游擊守備等官雖皆本兵除授實則巡撫巡按兵備分巡陰握其權武職如弓矢也操弓矢者人也武職如梃刃也操梃刃者人也

今不責技巧於用弓矢梃刃之人而誘勝敗於弓矢梃刃之器此瑕之所謂錯文臺云巡撫巡按兵備分巡亦只是如此推用安有别法瑕云瑕不知四方之事且以廣東言之自隆慶元年以來提督四年間三易矣新設巡撫以爲提督照臨不及故添官以輔之三年間亦三易矣海道嶺外至緊員也安危之寄也三年間四易矣兵巡三易矣人之視官如傳舍下之視上如流星雖諸葛張良處此亦無所措其手足天曹根本之地搖搖若此枝葉安得而榮茂文臺默然此只論久任責成一事他未及也偶因慨世不覺又妄發台丈以爲何如　此書傳播都下遂申久任之議

寄殷克齋都堂

春間得侍教愛深慰懷抱兩廣督撫更置賴公一言帖帖尤嶺海之幸時論以爲當世豪傑可獨當一面無出我公右者是以南贑寵命隨下慶甚昔所稔聞鴻謨碩畫辟運掌天下裕如今以綏舊所經理之地輕車熟路謋牛刀小試耳小价歸便附茲申候行移中倘有挂及王化姓名者望我公追敘其功爲之申雪是間明白之甚但竢勘遲久耳同時又有鄧周者昨都察院已將伊奏疏立案呈堂趙大洲公覽之曰是有軍功者人材固難兵事尤難迺與准行此亦扶持公道天借之力也望我公主張尤幸草草

復羅水月

張揮使來襲職承寄遠書所言不止敘久濶問寒温迺期瑕以光前濟美此豈瑕所能堪者先大夫在職方不半歲上三劄上大臣不宜封伯疏上六科褒衣承　旨疏其三劄所言事后二十年凡有澄清砥嶂皆在此出如韓信孔明初畫計策終其身底可績也瑕今欲何言哉素飱伴食虛度光陰反躬省循多卤多咎懼愆尤之未逭何功業之敢期終夜以思只今早自勇退尋泉石舊盟結烟霞清侶絶口世故謝跡畏途或可免耳水月公水月公獨不見剛峯惺老之前轍耶逝歸乎來西樵之西南樵之南桂子秋

風梅花晏歲將追陪丈履歌嘯巖崖以畢此生豈其泛泛若波中之鳧漂没而不知止也新秋入候凤雨生凉引領三城增其慷慨

復蕭龍石

前承華翰以倉卒復啓不及細詳先人辱在知愛乃大筆爲表章傳誌無窮光耀我后之愚感何有已所諭地方事足見勞念近乃一似已無恙者報以爲病瘧者間日一發不可以未發之日爲全愈豈有到處招安盈海濵滿山谷而結聚如故無散遣者此乃醫大風之疾無藥可效不得已用艾炙之使暫時隱伏其毒固在一時洴裂將有脆指

潰膚之災而大命隨之可爲寒心唐山公足食足兵之策實千古不易孟氏所謂苟爲不畜終身不得然人每以爲緩而忽之可歎也望與諸鄉丈請諸當路早爲之所

走筆寄何石川太僕

奉别周三歲矣道範德風時在心目乃以疎懶少寄音書北土先寒秋風入院顧瞻庭樹增其遠懷言念嶺南當斯時也荔子餅紅龍孫帶綠荷花在渚茉莉盈街芭蕉雜桂粉之香菱芡間菊英之紫而我丈列位隨時行樂排日讌游或縱一葦之所如流行坎止或涉五層之絶頂嘯月歌風詩社琴樽忘形爾汝書帷墨翰接踵兒郎虎榜天開鹿

鳴早宴看郎君之奪錦喜賀客之盈門何其慶也回視僕僕塵途如瑕者風流之隔豈不雲泥也哉鴈陣携秋早落江南之渚魚箋緘憶遥通嶺表之雲言不悉心佇祈台照

寄譚二華都堂

前辱翰教會草草附謝不旣心緒近日邊報孔棘知我翁勞神不敢閒言瑣瀆且兵難遥度克國之說也我翁夙夜戰兢焦思以圖之尚不容易乃后進喋喋然逞其未試之語豈非畫餅雖然狂夫之言聖人猶擇集思廣益我翁所素蓄積也謹以謬說就正閒虜欲分數道大舉入犯而台右分兵以守此無所不備無所不寡是爲彼强我弱又聞

凡一處有急則各處不分汛地俱赴應援夫七百里連營古謂不可待敵況二千里而遠是爲彼逸我勞斯二者賊所長而我所短善用兵者避其所短就其所長爲今之計不知致人之術可行否倘得先致一處併吾力以勦之一處挫鋭則三處瓦解所謂攻瑕則堅者瑕或伺各虜未齊乘其遠到方倦先刼其營所謂先人有奪人之志兵法大澗深谷翳林茂木騎之竭地也左右有水前后有山騎之艱地也所從入者隘所從出者遠寡可擊衆騎之没地也往而無以返入而無以出騎之死地也善用兵者避之昌薊山河寸金天設之險胡虜不知兵但恃衆耳冒犯其所

大忌不知於各處狹邪委曲之處利於步而不利於騎者可預設之奇否樹木叢雜山凋阻深此火攻之利不知可預爲之所否中間騎得成列之路大約有幾此當擇其隘處爲車營車陣以待之旣設車營車陣則是正正堂堂與之迎敵恐我設於此賊趨於彼烏飛豕突倏忽百里是我終有不備之處非所以制萬全之勝也或於大路虜所必經由者多開陷馬坑以誒之覆之以草伏兵其傍胡馬到以弱卒誘陷之萬炮齊發亦其一端大抵貴多方以誤之或擇大村落數十處賊所垂涎者伏兵其中誘至覆之又其可也車可制騎炮可制箭此固我之長技然車與騎

皆利平原倘擇平原以用車偃旗息鼓故其人殲之又其可也彼衆我寡投彼十圍五攻之利亦未爲得愚以爲雖車亦當擇險阻胡馬難騁之地以禦之或山溪或鄉落或堤渠錯雜乃保無虞夫兵事至危深而沉之者機也廣而集之者謀也斷以必行者勇也乘利而動毋後於時者決也知彼知已百戰而不殆者明也百年以來因循積弱爲瑕說者人以爲狂乃瑕讀翁奏疏知忠肝烈膽與戚總兵俱有決戰之意想士用命而人心奮或者狂言可採是以貢其淺陋語云揮汗以益洪濤之潤誠不知其不可也

上譚二華

庚午冬我公功成入都之日即瑕出都之時咫尺威儀不得瞻覗悵怏實深自入蒼梧日奔走烟江瘴嶺間積欠㦲候悚息悚息閼報北方醜虜在在欵塞此誠社稷之福元老之勳二百年來僅僅一見古稱受降如受敵又云明王愼德四夷咸賓德非以四夷未賓而始愼則亦不以四夷既賓而遂荒總六師平邦國詰姦慝刑暴亂如禾麻菽粟不爲疾作乃服也瑕昔在職方曾以謬見請正謂月蝕昴晦胡來取死後乃以乖亂來降近日昴星甚明而太陰屢犯畢畢中國也分野屬晉趙之墟以此而觀山西可慮塞翁得馬其機已形黙奪潛消在哲人有回天之手非晚生

所能測度廣西事體十定八九亦百年所僅覯㪅以左江兼管右江凡二月所處過一二峒寨皆賴鴻庇碩畫稍有次第近稿數欵附塵清覽行人忙迫不盡所言

上郭華溪

承示取右江事宜仰見洪慈翕受細流咸在包羅幸甚茲乃鄭昆老行時見遺一冊名曰地方易見大畧暇念良工苦心且以告新令尹爲無我之大因抄三冊一留玩二以寄右江新守巡也仍於各州縣下曾經身歷及有行事者附註一二以備採擇𣪠殷石翁命錄所行事遂將一冊送上其實前人所留縣縣都備瑕所附註乃掛一漏萬非可

爲大君子陳也左江大水渰及府門其東隅以土塞之内
外皆漲鄧進士街前淢頂者七八口沙街驛前没簷者七
八日城内察院分司廵道府治等處墻倒者殆半豐苗熟
稻在田一渰無粒米之收可駭可恨前七月二十朝瑕在
潯州舟中五更起納凉忽見月又入畢次早語陳太守曰
今歲月犯畢多次目下中秋想無大害不意害乃更大也
四都自四月以來斗米需銀八九分民有餓殍今水大斗
米一錢三四分水尚隔絶村鄉水涸將有蜂起蟻聚土崩
瓦解之勢府城且無斗粟瑕今束手惟仰屋竊歎茲適台
石舊日子民毋念當倍他邑望惠良規以拯饑溺

家書

玉屏來書云凡書必董教官乃得進此鄉里取家書不得之譏耳足見家中不發書之效也若本道歸書召亦無人來領也所云好了巡司難爲客商此積年刼江及漏稅之徒之譏耳盤詰安可不嚴不嚴則盜賊縱横巡司失職矣凡地方失事此處决將巡檢弓兵痛責彼安得不盤詰自到任以來前后獲刼江巨盜數十名今江道肅清行旅無恐不以此爲德反以爲害是賊人之言也至於有盤詰之實利而又免索詐之深病則寄回票可看此票上下江俱發每商船與一張入境者與出境者交凡各巡司留難即

以票示之千里稱快此等皆良工苦心用藥貴有監製乃不作毒又有謂此處收商稅頗重本道分文不相干鳌毫不加舊只是巡攔賣放小官匿沒奸商漏稅舊弊十不報二、今呈明撫按州縣俱正印官親自盤驗宿弊如洗以此奸人怨謗耳南寧一處舊額止商稅一百三十兩今一年將八百兩矣潯州一處舊額歲三百兩今一年千兩矣不加舊之分毫乃增舊之十倍凡以正官清廉及法度齊整也固知爍金消骨昔已罹之但當一日之官自任一日之事任一日之事自叢一日之怨若一一而避之道焉行哉升沉顯晦天之定也聽其自來此宇玉屏與玉田看凡有

所聞毋惜見報得以防微杜患是骨肉之愛

寄趙緝齋代巡

奉別台右曾有小啓貢上未見一譚不必訪察行事開誠布公賢否自白一謂遠方卑官宜稍依雲貴事例優以牌行脚力狂簡之談諒在涵恕恭惟台右旌麾所指海岳增光山州草縣虽妖鼠怪狠貪虎噬之徒凡爲民害者藏蹤遁跡之恐后嶺外善良從此得所慶甚幸甚會城中尚有數種爲民極害望留神密察痛懲之一曰造冊書手今當大造之年如南海總書三名每名出銀一二百兩幹充迄冊之完每人有二三千兩之入入於此者皆出於彼彼者

飛詭花分混亂冊籍之徒也各里書手一名造冊之完大
里多弊者人有三五百兩之入入於此者皆出於彼彼若
飛詭花分愚惷之徒也二曰管糧書手各縣戸房糧科年
年派糧時時作弊但有告發不可輕縱三曰教唆詞訟此
係積年主文問革吏典考罷生員爲之縱肆無忌以白爲
黑指頁作奸獄訟滋繁政刑失理多出此輩士夫有知甘
名者亦有被其毒者然畏而避之不敢與較也四曰海道
兵備民壯打手歲食民財全無實用一有儆報調發遠遠
望風而立或乘時騷擾平民此由積年官門總甲利口滑
舌誣上罔下包攬無賴占冒糧餉致然以上數種言者出

口怨謗巳叢其身矣望台右稍寬瑕言別加詢訪如有實
跡厲非常之威以懲之嶺海之尤幸也
復袁裕春翁
夏間入　賀日侍春風既慰夙昔企仰之私重荷太和涵
覆之雅酷暑散坐忘勢忘形曉漏追趨且引且翼諸所教
誨皆眞實切到之言令人佩服久而益感幸甚幸甚瑕粗
躁人也學不治心思多出位啓口置足動招尤悔伏辱我
公不棄狂狷是以恣言無忌別后深維增其自訟忽奉教
札愧赧何堪末承箴規毋係戀于醉翁豐樂之間而忘其
大者銘刻銘刻閉門循省只是輕薄語曰墻薄易傾繒薄

易裂器薄易壞酒薄易酸從今欲克已沉重以補夙愆不知力能副心不負我公期望否風便望時惠藥石以拯膏肓草草附陳伏祈原照

上殷軍門

伏承台右賜馴鹿一隻謹對使者拜領訖與瑕不勝感激又蒙緘書下問海上鯨鯢已撫復疑終竟如何此在台右一指顧而定若紅爐之點雪若烈焰之秋毛然台右廼勤咨詢者葢臨事而懼好謀而成大人舉事其規爲自是如此敬服敬服愧與瑕慒然在憂病中面墻而立無以仰答大雅謹忘其陋劣開列一二上塵台覽雖云老生常談

或者中流一瓠賤而可採伏祈照察

復殷石汀軍門

伏蒙垂教以惠陽殘黨未盡潮陽朱酋未下繫心懸切寢食不遑且下詢以不貳之見不易之議仰惟明臺大智好問不鄙芻蕘憫念民艱如切身體與瑕不勝爲地方欣幸不勝爲遺黎感激此軍國重務久大謨謀非負哀遭譴閉門待罪如與瑕者所能酬答萬一也謹以陳言一二呈覽先君文敏公云公道之在天下與元氣並運公道不明元氣或幾乎息矣又云是是非非而天下治非是是非而天下亂是知紀綱者元氣之大司刑賞者紀綱之大柄是非

黜陟者刑賞之大端也竊見明臺控數千里之地總數十萬之衆務崇惇大不錄人過有功則歸於下而有罪者修不及科有才者揚之庸之而不肖者亦多容宥下之慢令或由於斯書有之威克厥愛允濟愛克厥威允罔功傅稱統衆十萬未有不斬斷而能齊整者昔徐達北伐胡元濟領偏師師小却達械元濟送京師仍斬裨將以下數十人故諸將畏之若神明所向無前由此道也王陽明戰寧濠於鄱陽先申軍令又從容語各知府指揮等官曰此是大事莫作閑文看過既合陣伍文定師小却即飛旗馳劒取文定首文定望見旗劒奮力向前乃大捷此儒將之矩準

也明臺東征西勦大功成矣渠魁盡矣一二小醜何足云
云乃近日捕林寇于海島者觀望數月竟不知寇所向往
圍朱寇于潮陽者徘徊數月反爲寇所侵侮此何故哉計
官兵官糧皆多賊數倍而蕩滌之功未全收焉毋乃誅罰
未行威嚴未厲孫負委任者未替間有願忠奮不顧身者
未得自效于明臺之前也臺下咨忠至之策羅奇特之才
可謂勤勤懇懇矣數千里之内數十萬之中凡沉謀勇力
之士莫不奔走先後矣然而願忠者尚未得自輸懷奇者
尚未得自獻此何故哉天下之患莫大於讒賊而盜賊次
之讒賊之害不行則盜賊之禍易弭也讒賊者以是爲非

以非爲是旅進旅退則大家無事苟有人焉奮前建功則羣赴而爭之爭之不得則衆喙紛然指爲贓魁罪首此永康主簿之已遭而兩廣將領之常套也軍職之中報效之士盡忠而功分于人竭力而事壞於謗者尤有甚焉此弊不華豪傑解體地方雖寧尚可寒心况猶未也嶺外自軍門坐鎮之地及會城衆目之區上德稍宣下情稍達其餘山州草縣天高日遠民非苦於有司則困於衛所以瑕近日耳聞目覩則廣西之右江廣東之潮惠乃衛所軍屯之驅民爲盜者十而八九凡縣官初到任各衛所雖含餘亦以賓禮來見且以好語挾之曰來官此地亦易耳守巡上

司皆寄耳目於我輩我輩若說好官郎考上上矣每百姓欲告一事必三詞並行衛一所一縣乃得無事不然則拏回監禁輕則傾家重則隕命縣官不敢誰何葢瑕帶管右江行至栁州稽查獄囚禁于府者十之三禁于衛者十之七皆軍衛自捉或鄉官生員寄監有氣息僅存形容骨立者矣栁州守廵駐劄之地府官統馭之區也尚横行如此况於僻壤民安所仗民窮而逃入山峝從而緝之緝之不巳從而征之征之雖寧尚可痛心况猶未也間有縣官稍欲振作以攬衛所之權稍欲清查以收猺獞之賦則先被讒誣中不測之禍去矣此遷江馬平知縣之巳遭而兩

廣軍衛之常套也斯弊不革州縣喪氣誰與明臺分不遑寢食之憂哉大凡明臺勦平地方軍職每蹂躪之州縣招安地方軍衛每激變之一曰多誅求以窮其貨賄二曰假禁緝以束其手足三曰聽告訐以復其舊怨四曰恣教誘以速其新辜四者相因此勦平招安者所以屢撫屢叛叛而復勦則寇賊之禍平民受之無經之費平民受之官兵所過之害平民受之至不堪其毒乃亦起而從盜牿之反覆耕織之民無幾矣此皆州縣失職而太阿之柄持於他人也前者八寨之招北三北五之招乃蕭紳輩禀明臺成算其實數百里地方皆淳民也中間不軌者每村不過三

五人沉機縛之一良有司力耳去年六月右江王叅將乃欲將八寨等處仍議勦㓕適瑕自省城過右江驚駭問焉叅將曰蕭紳替八寨作說客只可騙庸人安能瞞智者瑕力言八寨可保但當以柔遠之道徐徐理之若一槩勦㓕傷天地之和次日蕭紳亦至瑕急謂曰殷爺一勦古田二安八寨此兩功可相當而八寨全萬民之命陰隲尤大爾與有力今聞欲加勦㓕汝可為兵備道言之紳乃入寨傾洞老出見兵備兵備細審乃知衛所隔絶洞民於下而紛紛言可勦於上也八寨再得免兵火者又明臺用紳力也瑕歸旬日而右江懷遠之報至向使蕭紳不入洞老不出

八寨煽動千里相連是右江一帶無淨土矣至今念之尚可酸心此可爲擾亂地方者明鑑也惠潮大征之後遺孑幾何只一艮有司足辦明臺事何爲文武皆不庸其力撫勦皆不底於寧致起明臺不遑寢食之嗟是可深長思也其州縣驅民爲盜之弊不能盡述要在守巡道於是非賞罰間加之意耳瑕以遭讒待罪之人分甘遐棄理宜緘結邇承下問布其愚衷言多誄狂不識忌諱伏祈台照

復郭巡撫

前月李大叅家人齋下台右賜書與瑕捧讀不勝感激恭喜府江一帶妖氛迅掃猺獞胥匡易百年以來之畏途爲

一旦無邊之樂土台右豐功偉烈將與此山並高而川並長也慶甚慶甚前在桂林時與瑕會面啓云廣西猺獞皆太古淳民府江之爲梗江路者濱江之頑耳入深山内多有安土細氓當撫勦兼濟適合台右雅意今大征之后正宜悉心撫恤以答神天之貺此諒台右早巳施行食芹之悃不覺其贅也右江懷遠事大槩類此戕賊官員者料不過百許人執其渠而縛其醜可不勞而定其餘隣鄉隣邑原不知情者殺之傷仁傷義傷天地之和此在一良有司如石主簿之於五山如李主簿之於羅陽一二月而辦耳聞議者云需兵數萬需餉十萬何若爲此大勞大費并焚

玉石以傷仁傷義傷天地之和哉與瑕拙見一向如此與
爲處廣西猺獞只虞書分北三苗四字盡之今又喋喋於
台右之前望容之又容獨察其可否而用舍之毋以瑕浮
言潰成事毋使瑕以多言招奇禍幸甚幸甚承示主簿李
材大爲物議所不容瑕在左江時惟以其前擒黃賢相后
擒黃金彪皆有深謀容計不殺無辜土民不費國家錢糧
而伸威諸夷是以任用之耳人之多言未嘗不一一爲之
行勘今既物議不容望台右逐件推勘倘小過可赦當無
忘其大功人才難得難得與瑕近亦被養利知州大肆讒
賊無可告訴惟誓於神明以白心迹耳誓章呈覽語云忠

不足而事事待於自明信不孚而人人與之爲敵瑕之謂矣伏祈優容幸甚

復殷石汀軍門

伏承台嚴差冠帶舍人馮艮弼齎下取閲書籍數目謹依鈞命如數付舍人進上計晉書一部共三十本通志畧一部除前取送外今又十六本一統志一部除前取送外今又十七本其有不備者皆已缺失伏祈台照外稟惠潮高廉沿海地方歲乃大豐遲十日早禾成熟餓賊將飽官兵將費十倍之力此乃一刻千金之時用奇之秋伏祈留神與瑕不勝悚息

上楊虞坡天官譚二華司馬

與瑕蒙台慈再植之恩得效涓埃於淸世誓以没齒敢負夙心自備數廣西之左江奉承威德陳其心力條八寨之撫綏定四都之反側招北三北五之宿猾馘金彪金鯨之渠魁周環千里百年來所苦戍師而勤供億者次第咸就編戸自謂可以少追素飧之愆然不費斗糧不動寸鐵是以遠近莫知其由剏兩廣督府主之於上乃不自以爲多瑕誠小人又安敢誇而大之哉然其中似有可以通之廑之東西苟能此道可坐策治安者光武云吾爲天下亦以柔道治之耳宋儒云黃石公有秘法在人間言寬仁也謹

錄行稿一二上覽古人以文爲贄竊比茲義草率布悃

復李見羅公祖

承手教感激感激所云有屬官誣生事三月時稍聞知然及今尚未知所誣何事也傳者謂瑕計擒黄金彪多支贓罰銀叁百兩瑕憶此事未舉時衆議需請軍門餉銀萬兩瑕只請留河下商稅銀及本道贓罰共不過千兩后計擒金彪止費賞功銀貳百餘兩此外分毫不敢動支中間運謀設奇出兵供餉事畢犒賞宴賚皆瑕於未報贓罰上取給或者奸人窺伺此等支用不上循環是以誹謗云爾然一一皆有數可查手教云多取贖銀或是事也自三月聞

誘卜之得晉之六五云悔亡失得勿恤往吉无不利乃止寄誓詞于西省未知達否又曾致書左江道高聚翁稍言及之聚翁回書併生誓詞附覽盍西省已行左江查勘若勘明而尚欲咎瑕則亦付之自來耳今早奉教又卜之得升之象曰元亨用見大人勿恤南征吉動在五爻曰貞吉升階履占得遯之上九曰肥遯無不利或者瑕命當遯于山林故兩得勿恤之占若曰瑕命當窮雖恤何益也台丈以爲何如蒙示石汀翁爲致書西省骨肉之感銘刻銘刻遲瑕未敢申謝亦未敢申訴也乞詳教進止幸甚

上殷軍門

啓西樵山封禁石事瑕等前後連名京訴爲父祖遺骸之所寄也爲千萬家墳墓之所存也爲四鄉數十啚煙火之所聚也是可謂公擧者然猶爲子民之私也稽先文敏公與侍御屠公祖初禁之意則似有大於是者如曰山岳氣完則人才生而天下治山岳損傷則人才不生而天下不治如曰殘破山岳損國家元氣此皆實語爲山川社稷保護真元不止爲一坵一壠計也古之帝王必封名山必望祀山川必禮百神巡狩所至以是爲第一務敬禮山川所以邀福於兆民也爲兆民錫福則陰隲所鍾受祉亦無涯極此自然之理也謹推先達之指稽國家之典陳列一二

仰干清聽伏乞憐察地方幸甚

一洪武元年令郡縣求應祀神祇名山大川忠臣烈士凡有功於國家者具實以聞著於祀典有司歲時致祭此乃古者帝王奠安宇內之大經也如魯有東蒙不過小阜耳先王以顓臾爲之主焉欲神之有依也五嶺以外名山揷漢職守之官不能奉揚　帝天之典列祀祟護其爲愆忘舊章亦既多矣如樵山者幸多育巨公藩衍黎庶是得奏于　天庭欽加封禁然而祀典尚缺也或者有待於遊宦之後賢也今奸匠乃必欲開鑿有敬事神明之心者有稽祟古制之心

者有仁覆元元之心者當何以爲主張也伏惟裁察
一大明會典凡歷代帝王忠臣烈士先聖先賢名山嶽鎮神祇凡有德澤於民者皆建廟立祠因時致祭各有禁約設官掌管時常點視不許軍民於內作賤褻瀆國家於名山崇重如此此乃山川壇之外隨各處嶽瀆而祠之祭之也今計南海縣三百里內惟有西樵最高最大實一縣鎮山也既不得具實以聞著於祀典又不得建廟立祠因時致祭職斯土者於事神之禮似缺如矣幸而奉
旨封禁不致墮斷喬嶽稍追惻怨一二奸匠乃必欲違禁

開鑿奈之何其可循之伏惟裁察

一大明會典凡府祭山川必曰某府境內山川之神凡縣祭山川必曰某縣境內山川之神是境內名山大川皆職守斯土者所宜敬禮也宜敬禮則宜保護保護之至及其毛髮況於骨髓可殘斮乎草木者山之毛髮也石者山之骨髓也斧斤以時所以衛毛髮封禁椎鑿所以完骨髓山岳氣完神罔恫怨然後民安物阜無凶荒妖札之患自古　皇王奠國未有不敬事山川者也故會典祭山川之神其詞曰妙用神機生育萬物奠我民居足我民食其庇故重其功重

其功故隆其報隆其報故祭之也祭之之詞凡以展隆報之義也展隆報之義也者欲其享之也未有縱民椎鑿斷其支脉而欲其享之也

一大明令内一欵京城各官多有不諳道理於宅内自行開挑池塘以爲玩好非惟泄斷地脉實於本家不利以致身亡家破今後禁不得取土掘成坑坎此爲京師人家言也然曰於本家不利以致身亡家破則所以錫福庶民而教戒之者通之天下可也西樵地脉爲四圍數十萬煙火之附麗爲四方數千萬墳塚之寄托鑿石斷脉豈止掘成坑坎而已是故禁之者

天下之公心也爲山川完元氣也爲蒼赤造福祉也

伏惟裁察

復李見羅

伏承遠賜緘書存問多憂多病之人重以金幣腆儀與瑕無任感激自惟備員西省竊祿積愆列狀於彈章要皆自作之咎寓褒於貶語茲爲扶植之恩愧懼既深銘刻亦至雲林廊廟從此殊途勉矣台慈策勳清世俾老農沾濡雨露之澤懸切懸切

復李見羅公祖

前者奉書台右偶及黄萊軒以爲老而好學貧不療饑云

爾乃蒙垂念殷勤如此緇衣授粲之情千古同揆荼軒今老矣固不能踵憲幕奉清燕然聞有編緝奇異奥典大家製作迺勃然欲借觀焉不知可固封專人示下否也嶺西近日氛祲全銷山川蕩滌息狼煙於斥堠希犬吠於鄉村至人潛移默奪之化寔有非常情所能測度者慶甚慶甚語有之國家閒暇及是時明其政刑或設土司或添縣治貽嶺海久安長治之福在台衡必有碩畫尤所引領顒聞病中草草

復新興王如水大尹

前承枉顧生以淸明歸掃祖隴有失奉迓慊甚慊甚兹蒙

華翰申以厚幣拜受尤感得覩李見羅公行移眞慰饑渴巳披閱大畧恨似未是全本只見一卷二卷四五卷八卷中間三卷六七卷是何行也豈刊刻未備耶承命忘陋對使作稿呈上乞削正用之草率布謝諸容候尊駕臨省日面陳列位同刻同寅父母統祈叱名拜謝不一

復麗惺菴都堂

暇每歸鄉俱從瀾石渡是不得晋覿台範亦積懶成簡之辜昨自端州來定擬取逕汾水侍坐春風寫數年濶別之恍廼坭濘不可以展竟負宿心歉甚正戒僕夫走申下情而使者在門矣簡書嘉幣儀物交腆感甚剛之貴柔明之

用晦師保大訓如金如玉奉以周旋庶幾寡過然蛇入竹筒曲性終在恐孤教誨之惓惓也恭惟盛德大業昭灼宇宙篤以不掩抑之愈揚當宁屢有遴擢矣歸朝在卽願賫輅車以慰蒼生瑕今爲台駕清塵也草草附謝

寄吳自湖都堂

瑕以十穿九漏之人多尤多悔自分鄙棄於世之高明迺我翁憐恤而辱之教言曰毋過剛曰毋過直曰毋露巳妨人百有餘言丁寧靡倦師保大訓肉骨后生瑕獨何心能不感激奉以早夜庶寡罪辜雖然蛇入竹筒曲性終在容聲啓口便類烏鴉稚孺婦人不彈亦唾恐終負我翁之箴

藥也我翁功在二廣旆常奕世而會省之尤感尤戴者則新城一事生祠之建葢衆志之不容已也瑕在左江諸父老請伐濤貴碑石瑕爲取三座久已至祠而碑文未有所屬昨麗弼唐家師委瑕秉筆草率具稿疎鹵之甚不足以揄揚駿烈稿呈台覽倘有未妥乞付便人示知麗師更定也忙中具書伏祈台照

復李我山

陳舍親自南寧走三水聞生已北追及曲江賫到台丈手教捧讀詳細感甚感甚西方事台丈在上千里肅清生等故鄉均沾餘慶前者爲新州事稍有饒舌亦贅語耳自古

新建州治中間須多留官地爲他日分司院道之設若俱聽有力者擇便宜承占異時一動手搖足即有妨民招怨之誇此不可不預爲之所也凡各處城内地皆屬之官天下所同也州學原議在西既知州欲建學在東則西方舊地宜踏明立定丈尺不許士民承管此似切要望台丈留神州民新附尤須撫恤不宜俾新立籍之徒倚勢承田占塘大失四都之望此尤望台丈咨訪而痛懲之草草布復

復新寧州守鄧石陽

舍親陳生自西來拜接翰教感謝感謝新州建學事既尊意在東無所不可葢風水一州城内處處可觀比之南寧

府太平府俱似過之西方生擬建學之處仍留作書院尤爲兩便他時分守及察院決有按臨之日而我公招徠作興地靈人傑尚要起分司等衙門以生而計不出二十年間決有可觀生與我公當及見之古今建邑皆多留官地如城內池塘亦當屬之州也何如草草布復不悉

謝江新原軍門

舟過水西蒙台右賜顧賜讌賜折席而書儀護送重有加焉感激之深匪言能謝亦有狂談或可酬知己之百一所謂中流一瓠而千金者台右試笑聽焉昨辭殷石汀老先生汀翁曰我必辭兩廣瑕曰何爲其然汀翁曰功成矣爵

峻矣此時而身不退必有後災瑕曰老子云持盈無他道挹而損之而已汀翁云所謂挹而損之者當辭官爵今我已受秩不讓矣當辭廕子今我已受廕不讓矣瑕曰天下之言功者莫過周公周公居冢宰何曾讓爵伯禽爲魯公何曾讓封其挹而損之者乃在握髮吐哺以下天下之士瑕亦願公推功讓能以薦進多賢從容委曲以優禮庶職則所以永終譽申天祿者實由於斯汀翁不以瑕言爲妄也坐間又語及羅旁綠水事曰我決不征征之甚易善後甚難瑕曰何爲其然翁曰計征後須得萬兵守其中央萬兵之費年十萬金廣地東西數千里乃年費十萬以守羅

旁小縣此策之失者也因歎曰最好是八寨八寨得蕭紳以奔走之得黄如金以委付之可保永安瑕曰以處八寨之策處緣水似無不可汀翁曰不然不然瑕曰若得石主簿李主簿以經營之决保永安蕩蕩廣東豈有無良才者在上之人之留心焉耳汀翁葢黙然也仰惟台右卽當繼汀翁以覆冒兩廣駕輕車而騁熟路瑕豈敢更贅一辭竊以爲古之用於人者爲小臣用人者爲大臣用人者斷斷休休有容無技而已是以貢其鄙心台右得毋笑其非干金而一猭者耶斯可以重報禮也草草封函伏惟原照

復胡秋宇

王中仲夏附書法二府祇候至今乃得音信可謂人生相會固難相聞亦不易也回想蒼梧龍江間奉教浹旬沙洲石岸嘯月歌風對酒揮毫長篇大雅迄今每一追憶便如伴漁父於桃源晤真仙於蓬島豈易得也恭惟台丈久當歸朝晉復翰閣以黼黻皇猷領袖羣品廼尚徘徊中土棲遲藩臬將聖朝欲愈老練其才以荷天下之重幸甚幸甚瑕以非劣顛沛自分迍如今補復江西閑與嬾稱然大邦有彥恐非所以倚葭莩於碧玉也前后承寄王鵬江陸山人書俱到茲又辱書翰兼有多儀拜是殷勤增其惶恐使者歸報冗中附裁不既夙心瞻戀彌切

寄趙大洲尊師

奉違函丈六轉週星瞻憶春風有如一日乃以憂居嶺外人少歸西水遠山長遂缺音候積簡成疎積疎成薄與瑕之罪其可云逃恭惟台右醇正之學宏遠之識剛大之氣峭直之風嘗其時一洗上下阿狥之習至今聞者尚懷凜慄兹雖高卧雲山結盟泉石然士林懸北斗之望蒼生渴霖雨之思起司馬於洛陽召文潞於申國在斯時也伏望靜以制天下之動簡以一天下之繁重以馭天下之輕寂以應天下之感古云虛以待之兮無爲之先天下幸甚斯文幸甚令郎先生三得面話宛有我師風度兹附緘書中

候不既心緒西望岷峨祇有耿耿

寄歐崙山關碧灣韋洪初陳夷山乙亥九月二十日

京華三月得侍清光旅思與雅韻同孫秋風共高標並爽奇篇古調一一寫其心悰遠意芳情每每形於墨妙豈但流金臺之譽實爲儲紫府之珍幸甚幸甚八月中秋既缺華清之宴重陽佳節又虛登眺之尊匆匆度此良辰落落是吾鄉里念言增慨鞅掌謂何柳葉飄黃漫整蘆溝之駕槐枝綴綠遥傷潞水之秋悵望美人藹其伊邇詠歌什襲婉對音容白露微霜清晨攬轡彩雲傍月永夜傳笳憶我同袍自唱關山之曲忽其分袂何堪湖海之思草草緘書

中其謝悃悠悠遠道伏惟自珍

寄張誠菴九月二十日良鄉

恭荷高情一見如故更乖淸問先集是求深知遠大之嘉懷竊幸鄉邦之有美匆匆兩月未黙畫壁之龍冉冉三秋空據伏波之馬忽以言别莫旣心悰旣屢辱於宴秋且多承於𣈆遠秋風漸勁𣈆鬱栁以增思夜月初虧坐崇槐而緘憶念言兩澤朋友講習之益多相彼九川化育流行之體著所以大成之士每殷靡及之懷舍弟隣居共進淸時之德業國家無事同窺太極之圖書吾道有人宗盟幸其言之瑣瑣意有睠睠

謝譚二華公

瑕以庸劣蹉跎世路蒙台右扶植而收恤之俾得仍員憲末陳力大邦知己之感靡有涯極乃辱屢顧衡宇頻加錫賚受恩彌重報禮滋難中夜以思不遑枕簟念自入京三月三得面謁皆一揖而退惟昨辭乃獲坐話然亦就屯田而講屯田就水利而講水利雖皆精神之運用未承指教之淵微今當遠行脩其職事亦惟就屯田而理屯田就水利而理水利期逭官守之愆尤少答高明之萬一耳惟台右有以進而教之幸甚幸甚人之北歸肅此裁謝

謝何古林公少宰

報以庸劣蹉跎世路蒙我台丈扶植而收恤之俾得補復
名邦仍憲庶尹知己之感誓以終身京邸三月屢接雅談
所以愛惜人才張皇綱紀敷求遐逸吊偷軌儀者無所不
至而老成耿耿之衷尤有加焉奉讀條陳八事一皆開誠
布公集思廣益之猷道遵典謨文兼漢晉法循古始制合
時宜眞療世之參苓鏡國之姑射也不知司中題覆如何
望早得施行以幸天下仍乞付下刊刻俾一世蒙至治之
澤萬世垂大同之風尤幸尤幸臨別承教婉然周公謂魯
公四語忠厚之意盎如也寬鄙敦漓實由斯軌敬服敬服
南征漸遠北望依依裁布謝忱不勝懸耿

謝陳嶠東侍郎

京華三月屢侍德輝濃瀼宴私勤渠教誨晚生幸甚幸甚瀕行告別未奉清光顧辱贐儀既嘉且厚祗領之餘感激感激鄖亭緣椰亂點黃金驛路青槐低垂碧玉征夫南下延傷引望之神王事雖殷實結遠違之恨緘書申謝不盡云云攬戀回瞻何勝耿耿伏惟台照

謝曾見臺年丈

瑕忝同年之末乃踪跡甚疎今秋入都始傾尊教英猷偉度一見決爲非常人且以智問愚以多問寡一味冲虛深爲無我之大而於當代之豪傑人材之器量一一品藻分

明無爽絲髮貞持世之鈞衡鏡國之姑射也斯文有人天下幸甚此外惟養氣使克存神使固至一以待天下之感是芹曝之獻耳連日狂言乃馬長嘶於伯樂望好察之下隱其惡焉所錄一冊將以奇上爾廣淩洋翁公祖者人便幸擲下不可久留汚目也悠悠遠道秖駕無期伏祈高明式金式鐵天下幸甚斯文幸甚

謝王如水侍御

承之大邦過辱我父母暨諸老先生錫予頻繁不敢不拜實懷惶恐人之東歸敝此藏謝念自端州得接清光以來會晤不過三數次乃高明之識直欲追蹤古之大成而方

其駕則可以一見決也斯文幸甚大抵學不可不講尤不可不正所惡執一者爲其賊道也舉一而廢百也舉一廢百便自詖自淫自邪自遁所謂毫釐而千里也程子云體用一原顯微無間涵養須用敬進學在致知此千古聖賢中正路脉近世乃或失之只以程子存久自明爲是而廢其所謂理有未明固須窮索之言妄指夫子謂鄙夫空空爲自巳心體而廢其所謂讀書博文之教以顔子屢空附會於若虛若無之說而謂多聞多識爲末爲外盡掃朱文公大訓以爲支離而不知其因人立教之旨凡皆廢百之爲害也吾輩當此波流之末欲尋中正路脉以希大成之

歸可不慎哉古云戒慎云恐懼云齋莊中正皆家常茶飯不可少間就此便是齋戒以神明其德但聖人又曰學于古訓又曰多聞建事又曰博學審問又曰朋友講習凡以使内外渾全不流舉一之弊也瑕所聞於父師之說如此願與同志承之若曰讀書學古末也外也則求友講學愈未愈外矣所求者今世之友安及古人所講者一己之學安及古訓甚矣自師其心者不足以語千古聖賢之心傳也高明以爲何如昨會劉師召武學此人深於内者與生意稍不同然真實心力難得難得望時與切磋尤幸尤幸年來師友離索久已放倒不敢妄有喋喋以在高明知末

附此請正路遠心長不旣萬一惟珍重是禱

謝張癸亭

庚午之冬與瑕辭部時我公入部不三二月也今瑕之來憶同時之無幾乃翁之意何念舊之殊深下顧衡門藹春風之披拂念言芳範絢秋月以華淸恨其匆匆日踌塵埃之馬不能屢屢時登渂苑之龍忽以脂車重承攜榼獨酌杯中之酒遥看城上之臺皓月東升悵高人之未至紫雲西去知良晤之何期楊栁辭榮黃金亂落槐花綴實碧玉纍垂奉别淸輝好景結離羣之緒裁兹謝悃遥天斷思遠之魂伏祈照亮

謝李南籬

昔侍淸輝多承教誨忽踰六載疏斷音書今者之來伏辱睠顧謂携迎風之榼以傾話別之尊乃罄對月之瓶未奉枉臨之駕詩有之自詒伊阻瑕之謂矣棲遲孤館悵望五雲秋思旣殷況結懷人之緒風光如見遥裁寄遠之書謝不悉言伏祈台照

謝黎抑菴戶部

京華三月屢侍光風對月淸談圍碁妙手烏鬚方藥白眼世情一一聆教之深歷歷銘心之固乃若其始也燒鵞燒雞與西瓜而並入其旣也携壺携榼作東道之彌多申以

別恃隆之贐贈與瑕誠感激感激柳翻碧玉匆匆加遠道之鞭槐綴黃金嫋嫋結征夫之駟棲遲孤館撫合未來瞻望五雲離羣增慨緘書報謝不盡願言

謝車駕司曹景坡惠馬

伏辱高明垂憐舊家腈車欲發結駟是來六轡柔條飛度蘆溝之月五花凌亂齊追涿鹿之風皇華舒靡及之懷長路免關心之苦征夫幸甚幸甚仰惟台丈天閑逸駕塞北空羣輿衛日閑見不凡之步驟控縱隨便真在範之馳驅方將建康侯之功以膺蕃庶之錫承在師之寵以綿歸放之勲是以索驥不泥於按圖收駿先寬於買骨致遐陬之

駑劣固在御之沃均征夫幸甚幸甚敢不鞭蹇策駘仰酬一顧端嚮正勸用備三驅人之歸哉布謝匆匆於倚馬心千愛矣緘情皎皎以維駒伏祈高明俯垂照察

謝王文泉

數年間濶兩夕清談恨此心悰未畢數報然言亦不可謂不多矣乃皆以閑語雜之是以兩無資益別時承下問尤見至懷愧無以奉答高明大抵人生以精神爲本精神在所養養之在心能置心於和淡不擾之天則精神自充而固人事不可踈失但一一求周至以周至役此心則爲心累名位不可不保重但存搖玉之心太過則爲心累君子

有終身之憂但有所憂患則爲心累戒懼亦自有妥帖處若有所恐懼則爲心累至如昨日尊翁諱辰孝子有終身之喪亦自有妥帖處瑕窺尊顔語及卽戚戚滿面目亦是悲魔亦爲心累昔子張免喪彈琴成聲子夏免喪彈琴不成聲夫子免喪二日不成聲三日而成聲是所謂中節者也藥餌以扶身體亦不可雜服服其平日得力者可也飲食固貴精致亦不可細膩太甚麥飯豆粥隨遇而安可也五星子平或有偶中然吾輩以資談柄非所以語於知天也留心太過亦爲心累以上皆昨語而不詳者凡欲置此心於不擾之天只如此自省自存自習自熟久之則百爲

萬務日交於前隨應隨寂有何心累是所謂艮其背不獲其身行其庭不見其人者也動靜不失其時其道光明睟面盎背精神之充固葢不足道者矣瑕素多病亦由於養心之失理近乃覺不至太擾太累於凡事不甚留滯是以頗與知已同茲味燈下草草

復郭華溪

與瑕荷台慈委曲扶持是獲再服繡裳隨縉紳后不然此時肩鋤種薑西樵之西久矣前會有啓申謝云列狀於踈章要皆自作之咎寓褒於貶語茲惟罔極之恩此由中心達者在京師拜唐溪南公首誦上語致謝溪南公亦輾然

啓齒薟都下皆謂台慈䟽敘瑕策得功偉應變敢爲等語自來彈書無許美詞云云故溪南亦以爲然也瑕雖未覩台慈全䟽及考瑕績語然感曲全之盛心豈一刻而忘之哉偶以足疾失迓祗承手翰再三垂慰與瑕伏枕感激繼以涕零謹布此下情伏祈憐照

復龐弼唐尊師

舍弟北來承手教亹亹數百言兼有書刻遠寄感謝感謝來教有秋間登匡廬躋齊雲陟武夷北上泰山然后返息於羅浮何其壯也謹先命人掃匡廬之榭除白鹿之道焚香講堂竢道駕之來遊也饒州近日多有志之士會約甚

整偷遊白鹿當便至芝山尤幸尤幸后進不知前脩淺深妄有詆毁此吾師惓惓寄遠至意實所以破聾聵幸甚幸甚吕巾石公子書即當致之草草附復

寄劉洪秋公祖

恭惟台右碩德宏猷借重海邦㟼嶸千里威風煽蕩氛祲全銷白首黄童出作入息慶甚幸甚海上之事不可測者機也而可預定者備也遠而伺之者間也廣布間諜而得其心者惠也懲番舶接濟之奸者威也杜番貨請囑之門者嚴也抽分番貨俾無漏網者迅雷掩耳速也介行禁止欺罔不行者神而明之存乎其人也惟台丈之留意草率

狂言伏祈原宥

寄南韶姜春宇公祖

恭惟台右揚道旌於嶺表威風所被氛祲全銷翁源乳源英韶大羅上下無有竊發之奸商旅夜行何其泰也舍弟南旋肅此布悃清遠峽飛來寺舊有虎患嘉靖初年先文敏公為進士移文峽山立石刊刻不二月迅雷烈風疾雨峽中擊殺四虎獐鹿震驚走死者無數溪流暴漲隨流而出自是虎患乃息嘉靖中年文敏謝世寺僧仆所移文碑虎仍出噬人僧懼更豎碑祭告之虎患復息隆慶辛未清遠縣中在在有虎知縣鄧君逐之遣告祀于碑下虎渡河

乃更立新碑碑陰所紀可稽也瑕去夏過飛來念碑置寺門外非所以示隆重因捐白金三十兩請于何静谷公祖行縣即大門之右爲樓以安碑碣今尹揭父母河泊鄧伯仁奉揚我公祖表章先哲德意事以告竣是咸公祖之榮貺與瑕感甚感甚伏惟公祖大方家之制作一言隻字照耀千古倘毋金玉德音乞賜碑記俾勒諸樓中而置先子碑文於其右庶幾韓文公驅鱷於潮陽得大藴爲之廟碑而愈有耿光於永世與瑕不任懇祈伏惟台照

復陳洛南

承賜統宗譜述類編適自外回即閲一遍深知積善餘慶

奕世滋昌后來者益未涯也編次簡約而詳所以光前而詔遠者粲如至於垂規導族典則具備中間採及先支敏家規何其不擇細流也惜也寒家今迺式微卑尊長幼多悖前人之踵武如横縱亂麻始自今當丁寧子姓曰洛南老先生且採先人之訓以訓其族矧我后之愚其可勿勗或者其有興焉是老先生之遺之祉也詩有之孝子不匱永錫爾類謹此布謝容面百拜

復葉大尹 名壽春

恭承遠翰錫以多儀緇衣白粲一併是來五緎十朋難比嘉惠寒門挾纊洽鼉生煙幸甚幸甚尊諭出處之節再三

詳備深紉大雅感激柰何自昔達人不以官級尊卑介意素位而往隨遇皆安茂叔云一命之士苟存心於愛物必有所濟必不得已止未晚也斯誠大中之定矩上哲之芳踪自孔孟以至韓歐朱程未之有改若僕之褊心安敢望此自筮仕以來三遭斥逐今年五十六矣性左違時了不可變兼以目眊髮衰鬢髮半白以此與后生從事眞所謂面目可憎語言可惡者不若歸休泉石佚老園林雖非知幾亦且遠害私忖如此是以無復北征之念也下教勤渠是敢縷布

寄郭華溪都堂

昔在南浦仙舟至止瑕以足疾不能出賀蒙賜手教刻疏乃知翁所以扶植顛危者深矣薄命之人無路報答茲胡雲屏年兄見惠西南紀事中間敘建新寧州錄瑕微末一則曰功亦不細二則曰任事之難嗟夫瑕何幸得附名大家以耀今而傳後鄉結之私銘骨而已雲坭懸隔從不敢通隻字於貴達之門惟感德淵深不容默默謹此申謝

上劉素予尊師

每侍教席論大學知止止善格物之義令人洒然益尊師之說以為原文八條目一一已釋註明白如明德止善已引詩說到恂慄威儀如新民止善已引詩說到樂樂利利

及於後世今又舍此別求一箇至善使人索之渺渺茫茫眞惑世誣民也敬服敬服至於格物之説尤爲千古未定愚以爲只在大學之道一句先講明蓋大學者自十五歲入大學時事也猶今國子監也大學一書猶監規也此時如文王世子齒胄親師取友之時三十強立四十強仕以前一二十年正做道學自脩工夫未及見於家邦天下今之宗陽明之説是就人民社稷上做工夫夫子所謂佞也瑕會有讀陽明書疑辯未敢輕出容請正草草

再書

領講義四章細玩皆老師獨得獨見超出千古恨愚蒙有

欠領畧者如戒懼愼獨與大學誠正同旨今以爲上智事是其一也弟子入則孝出則弟謹而信自小便做誠正工夫但未及家國天下耳故曰蒙以養正聖功也知仁勇已自有生知安行學知利行大舜知也顔淵仁也子路勇也或生或學皆知也或安或利皆仁也尊師之意只以中庸首章無格致之說故以此爲自然合道性之之事而以下文三十多章爲脩道之教愚生終有未敢以爲然者詔示詳悉感激此復

附素寻先生書 師年九十二廢覩矣口授此書諸子錄以見敎眞心學哉

勉齋疑愚謂謹獨爲上智事然此乃子思之意非愚僭

言也夫聖人謹獨之心無時少間蓋自所覩所聞以至不覩不聞莫不皆然惟自然而然耳所謂生知者知此也安行者行此也豈惟聖人遂無謹獨之心觀堯之兢兢舜之業業文王之緝熙敬止可見矣若非聖人安能有未發之中發皆中節之和爲天下共由之達道也夫性固雖同出於天然不無差等之異夫子不得中行而與之而思狂狷抑其過引其不及使歸於中是卽脩道之謂教也初學氣禀未遽變化所存未中所發非過則不及而能致位育之神乎是故愼獨一也但有安勉之分子思欲申明率性謂道一句故以見成聖人言之夫

謹獨卽率性也由是未發則中發而中節則和卽道也是故中庸首三句卽今作文之破題然後承講而繳結各有意義豈章章句句皆學者之事歟觀其次章則云君子中庸小人反中庸又次章乃言非獨小人反中庸至於衆人亦鮮能之遂及人品過與不及乃示人必智仁勇然後能變化氣質方可入於中庸也自仲尼曰至索隱行怪言道之所貴者中而人之稟未免有過與不及之弊故修道之敎必由於智仁勇乃可能也而擇善固執之意已隱然在矣天下國家可均章言人所稟各有偏長故智仁勇各有所就惟於中庸未必能之惟如

夫子所言智擇仁行勇守皆在於中然後爲聖人也自費隱章以下至二十章皆言中庸之道而修道者所當知當擇也是皆不出乎人倫日用之常所以爲中庸也道不遠人章是言道不外乎人已之間素位章是言道不外乎順逆之間行遠章是言道不外乎倫理之間鬼神章言事鬼神亦人道之常是爲中庸大孝章是言舜之格天受禪諸福備至亦人道之常無憂章是言周之興王尊祖推及天下亦人道之常文王之無憂武王之弔伐時當然也達孝章是言周公制度之詳與下章孔子經世之訓一本諸人情物理而已所以爲中庸也問

政章引孔子之言誠萬世修已治人之常道九經皆中庸之事以三達德行達道卽申大舜顏子子路章也誠者率性者也誠之者脩道者也自十二章至此皆言中庸之道而此章之未發明修道之教爲詳其要則本於誠之之目夫博學審問愼思明辯知也篤行仁也人一已百人十已千勇也又所以發前十一章未盡之意昔愚謂修道之教止此二十章非三十三章也誠明章誠卽率性之事明卽修道之事人雖有異然修道之至則一而已下至二十七章皆明此意唯天下至誠章此言誠者之事致曲章此承上章言明者之事至誠之道章

言至誠洗心退藏於密故能神以知來誠者自成章此亦承上章誠之之事無息章此亦承上章以治化言在上之聖人也大哉章此承上文王而言道之至大君子修道之功當極其全也自用章此言居下之道王天下章此言居上之道祖述章此章形容孔子盡道之極所以爲聖之至也下二章同衣錦章此章言人之爲學必實心爲已然後表裏如一斯德盛而化神也由是言之則中庸一書脉絡相承首尾相應自有要約歸着處若以首一章爲學者之事則足以盡之矣烏用是泛然重復爲哉昔愚蜀還嘗觀庸學註解意不相協因作辯疑

猶恐未確會錄奉覽正然此二書亦不敢示人恐招狂妄之罪惟勉齋可聞耳不識前所奉者尚存否萬希再看何如勿惜謫確幸甚

寄譚二華公 丙子年

近以攝湖東印務涖撫旬餘僅得會令兄一面而都事君遠在宜黃固阻覿也平生山水之癖陰陽二宅取舍之機頗有片長柰無便得至宜黃以窺宮墻之美若臨汝之大槩則在心目間矣千金隄條畫一一皆瑕與在城鄉士大夫親身量度裁其盈縮之數定其蓄洩之宜卽興役矣然以愚而慮別有三策上覽所云上策乃蘇杭之堘昌金陵

之壯麗今縱不採或者他時亦有取於斯議我翁以爲何如騎便附此陳悃

寄陳偕所侍郎 丙子

季秋承乏之攝湖東印務駐撫州數日與鄉士大夫躬視千金陂栽畫規模上之兩院將興役矣稿呈台覽大抵可保者五六難保者三四其一如撫臺所示謂挖沙不見底疊木石在沙上水自下穿終歸頹壞今匠人乃無任先隔江流入文昌之說而但欲徑下石於深淵中是難保也其二如瑕三策中所謂寧紹蘇杭皆以數縣平壤引納山泉故堤堰無害今以一江洩撫建萬山之水春雨夏潦每高數

丈沒民居乃又欲遏而繞城十里高沙無地受水不決何待尤難保也三策未呈撫按恐謂瑕持兩端不肯任事然任事之費不過數千金今已措辦所少者尚五百金太倉粒米何足計慮但爲千年萬全之謀則上策似可採耳併塵台覽伏祈恕其狂妄三策稿下

謝李三洲翁

携家入樵依先人之荒壠不得時瞻台範每有缺然昨舍弟寄到我翁所製家母六十一壽文與瑕不勝慶忭不勝踴躍洗手焚香捧讀再四頌不失箴規而有教仁人長者所以引進后生其高情雅意葢如此瑕不勝慶幸茲非獨

家毋借重大方吾聲不朽雖文敏先君九原之下聞茲嘉言亦當自幸曰三洲翁善教吾子者感激之私曷其有涘非獨瑕等式承大訓不敢隕墜先猷雖天下后世聞茲嘉言亦當自勉曰三洲翁善教人子者興起之私曷其有涘瑕聞之古之立言者非以譽人將有以奬勸而誘掖之同之大道是曰仁人之言我翁所以待晚生而善誘之者要皆以古之大孝是期是望而所以期望之者乃在其許可之中使人鼓舞作興不知所以爲之者可不謂至仁者哉從今敢不深思滌慮祇征邁往卓自樹立如尊教之云云庶幾於長者所以引進后生者亦夯相成也卽當登堂百

拜君子之賜先此申忱

上劉凝齋軍門

前日晉拜奉台諭云八寨即有大征且云亦不曾見有反叛作亂而惓惓以好殺爲戒以兵者聖人不得已而用爲教你見至仁盛德眞所謂爲天地立心爲生民立命者蒼生之福也彼時曾面啓云吳自湖翁兩廣疏議内有大征二源行移先差文官專一招其脅從簡其良善恤其老稚又下令各哨以生功爲上死功爲次殺降而擄其子女者斬此令可急行不知台慈曾查行否倘有施行乞詳諭撫勦等官隨招隨安不必驅帶出境恐饑渴勞瘁疫死也仍

乞詳查案內所以大征之由如某月刼某縣該賊若干某寨某村出賊若干責八寨洞老協同𢚩兵簡拏則良善別矣多殺何益哉玆以舊稿二帙奉塵淸覽又奉教云東安西寧設縣事有難處明年郎當編里甲矣里甲安在郎當起錢糧矣錢糧安徵且疫瘴爲厲十死五六官民俱不能安尤見仁覆憫下盛心愚以爲官安民泰則里甲錢糧次第可就緒耳先年曾有鄙陳謂數萬冤魂當作大醮祭以超度之作國社里社以收恤之今尚可令州縣召有行僧道急衆此典又有鄙陳謂建國啓土之初以三寶爲依三寶者大農也大工也大賈也大農以積穀粟大工以備器

用大賈以阜財賄此三者當寬之厚之優之恤之使彼自利其利自樂其樂自招佃丁則我有甲首自作田主則我有里長自居貨財則我有坊廂此在丁寧有司之寬假之也前任朱知縣尹西寧果以洪慈博大得衆乃無柰疫厲何連身家不保可痛也疫厲之起㳄有時耳矧以明臺仁慈威德超度之當變而爲和風甘雨以報鴻恩望留神念惠此併陬

上香山馮父母此書寄上不二月即有勘合通省丈量

聞台右清審虛糧丈量新生以補之此最爲善政亦最爲難事所謂善政者生所望於數十年之前所謂難事者生

所親遭於順德之害要皆近世淵深之弊香山順德新會之通患也各有田產實稅之家畏糧役重累每田一頃將銀六七十兩賣稅與無田之氓無田之氓賍稅數年即告虛稅或逃亡以累里甲一弊也有田產實稅之家畏糧役重累每田一頃將銀六七十兩賣稅與新生之家新生之家將稅影田將銀填築逃塱科納餉之費二弊也二弊之中雖有輕重而富民奸書埋沒老田飛走稅畝均也生昔年當官納餉置香山第九沙塱稅數頃後被奸人投託何占爭今三十年虛賍每恨不得嚴明剛正

父母將通縣田畝丈量以洗積弊數年前曾爲當道陳之

當道亦有意爲語方出口而奸豪即沮之曰香山是水國覊縻而已每稅一畝有田三四畝者若一一丈量民將不堪其誕妄如此不知生及各家無田賠稅者又何以堪也生昔年在順德塡築蓬蓬沙每成數十畝即被奸人將老田稅數十畝告洒成至數頃即被奸人將老田稅數頃告派二無已時而告者無虛日費在寒家餉入官門而坐食無稅之田者奸人也且將自水深潭妄推稅畝虛賠數頃至今告且未已官司曾不之察也台右欲舉行善政以惠一方以利百世誠爲大幸竊以爲非通縣丈量不可知明之實數非連一二屆冊籍清審不可知虛糧之自來嗟夫

斯實至難至難者也生昔在慈谿曾苦心於此下議三月乃畢事各里里長一人書算一人耆老一人凡數百人坐里量里限以大江大山次之小涌小港又次之古路長隄分都畫堡三月迄工又三月造册計一年乃得竣事然歸戶對同之際弊復滋甚數年乃定至今談虎色變伏乞大奮乾剛不撓豪橫不沮浮議聚精會神專數月之力以垂無窮之澤海隅萬幸又須上司有行或申請必行乃可下手下手之初大諭百姓以只要均稅並無增額仍集各里大家耆耈從容勸諭使各都自儘意見自陳方便自推公正自把尺丈父母只總其成而時時覆察之大數既得然

后徐議細碎節目書有之毋輕民事惟難冀留意萬萬

上陳文峯軍門書 文峯調集官兵勦㳺涌蛋賊以手下問故復之如此

一蛋賊出洋其去不遠西不過在上川下川等澳棲泊東或至新安海面想海道已有文行惠州海防堵截矣若上川下川在洋海心長亘百里有高山峻嶺賊每投托山猺在山頂潛望兵到東洋則爲寄號賊望見趨而西兵到西洋則爲寄號賊望見趨而東是坐老王師也乞出一虎頭牌付山官曹平嚴切責諭如賊船到港糾集猺民協力擒解重加陞賞如窩藏在港或作眼俾得逃避一體勦滅其官兵人等有乘機登岸擄掠者許執牌

禁諭則蛋賊所到人人效力而官兵所至亦整整奉法
玉石有分矣

一此賊生聚二十多年兵精人衆今天威所摧誠泰山壓
卵但亦不可不深爲之慮切以爲似宜行文香山東莞
新會新寧各縣但願降者即與接受一面飛報與得敵
同功不許殺害或給受降旗與陳推官海防朱同知臨
陣受降不許殺害賊知有生路不死鬬一也孤其黨與
易成功二也且免多殺或濫及非辜三也法云多方以
誤之又云攻心爲上

一賊奔海洋所乏者水米水取諸港米則前二月所蓄計

不過旬日之食今必十分嚴接濟之防須靜絶陽江海南艚船往來靜絶新會順德番禺小料細船往來彼到賊所必稱被刼實通同濟之也擒賊只在此時若秋稼將收則沿海搶禾難困矣

一昔年賊遇官兵大船出洋小船入內東海出洋西海入內官兵賣路只云不見賊而已今號令嚴明羅網周密諒無此事然亦不可不多爲之防切以爲似宜行牌三水縣查緝小船蛋戶有逃入夥者拏解重賞窩藏者斬告發者與得敵同賞此弊番禺之三江金利橫潭皆有之益蛋賊平日多結親於上海急則爲逃匿之地緩則

通同打刼此肇慶三水横潭所以多故也法曰多算勝少算不勝

一會讀太山誌讀兩廣軍門誌　太祖定天下　成祖征安南皆遣官祭告各處名山大川昨海道駐劄波羅想必有祭告切以爲軍門主斯役者必有祭告他如在城天妃廟關王廟城隍廟似宜分遣官舍上香庶海岳效靈風霆助順滅賊易易也

一兵法云朝氣鋭晝氣惰暮氣歸今用兵旬日恐士氣之惰歸也謂宜有以鼓舞之軍中牛酒之犒最急况炎暑巨浪之中非酒無以作氣伏惟垂念

一用兵旬日中間召募鄉兵是賴前者如陳鳳所領之類是也然恐此輩不過三五百人日久力倦當爲后繼法云兵無后繼者僨不可不預爲之所切見順德縣鄉兵徐喬鎮等各船甚勇銳鼓掌欲赴敵乃縣家留劄潭洲、夾洲海面以防賊逸坐食恨不能報效若賊尚猖獗此可急使者亦勞逸迭更之法也他縣似宜倣此惟裁察

一凡大軍之行或召收亡命或取獄中罪犯俾立功自贖善策也近有刁唆窺知此意詐索獄中人犯封銀爲告願立功者實開指官騙騙之一弃又如總甲唐漢乃昔年通同潘專一投匿名訪察陷死潘際可等傾人

家者無數畊　爲之賔緣報效官兵未發巳在近鄉買功矣幸軍令要生功不准死級得鮮禍耳望寄察之

復分守周鶴皐公祖

承示以玉食之謀謀藿食恐氣味之不投也此事一生一殺立決之耳日出而言日中不決豪傑所哂乃遲疑旬日非所以望於謀斷兼資之雄畧也今持疑不過兩端曰殺之恐濫及無辜則龜玉毀於櫝中曰生之恐仍遺后患則虎兕出於柙外是衆人不決之疑且各賊殘黨今尚猖甚若縱此巳縛者勢必併合而此未縛者無衣食妻子將以死命糜爛吾民地方尤爲可虞又諸將士未曾以得敵受

賞今反以妄捉懼罪且將以諸賊他時報復爲憂曰官府使我擒賊而遺我害若是數日間頗有惱色者矣此須制府按院與兵巡圖之兵巡親冒矢石犯風波幾殆乃濟他人顧以筆舌參錯其間非善之善者也惟高明裁之中流失船千金一瓠庖丁解牛中其腠理別啓望寄與兵巡道早留神念草草

別啓

宋太宗時王德用爲大將守邊有怪士稱酆都使者謂曰天帝付契丹魂二萬當死公手公若殺之則勳烈蓋世若宥之則子孫奕葉昌盛何如德用大笑以爲狂士遜出之

既而行邊遇遼王侯兵將二萬天雨膠脫弓矢不施盡擒斬之德用進上爵而子孫凋謝上帝之好生如此太祖皇帝命將征閩廣戒以勿殺曰昔平陳友諒得兵數萬下贛得兵三萬皆爲我用聖人之好生如此赦宥脅從自古以然今督府以殘寇未靖召募鄉兵竊以爲當曉諭見獲各賊許令將功贖罪分給各哨原日擒獲總甲保領優與衣糧還其妻子統率殺賊或令招其黨與來安集之則旬日閒海島肅清矣裴度之擒元濟岳飛之破楊么皆用賊殺賊計之上者也惟高明與朱公祖裁之草草不次

復海道朱存敬公祖

我公祖爲海邦除殘賊親冒矢石犯風波成此駿功生等趨賀顧未得面承示敎下詢感激感激來敎云沙灣蛋賊果應否擒勦議論紛紛不識謂何此必有謂已擒者多冤民也生昨承周公祖年兄垂問已詳鄙見上復矣兩東附覽望速裁之至於所獲之賊士夫以及庶民謂眞賊稱快者萬口同聲以爲冤者士夫中不過一人兩人止耳生輩曾會請于督府曰各賊稔惡有年今幸多縛望勿輕縱彼蛋賊者固有蛋戶里長如里長肯保姑聽之如不肯保即當除之矣若塒涌賊則雖有保結亦不可聽蓋賊與里長及官門人役通作一夥宜察也此衆人之言也大抵海洋

蛋戶無不爲賊雖盡殺之不爲過但列位公祖好生之德
廣詢之義如此子民敢不承乎敢曰必當殺之乎來教云
未盡蛋賊尚爲患海島不審果否此必然之勢巳然之跡
昨刼生員剜其心肝襲香山哨船殺死二十九人此其証
也生前月十三日案請于督府曰且勿收兵賊且餓更須
十日餘黨盡絶矣不爾兵散難以卒合賊經創殘之后奮
其兇熖更動當事者慮既而僅得俯從至十八日收兵矣
皆因紛紛之說起於積年窩家窩家非大戶即主文也游
言謗議沸騰洶湧是以留患若此甚矣任事之難也公祖
亦柰之何哉玉石俱焚夏書巳記之矣大人行事擇其利

多害少者爲之安能恤紛紛之議今海中餘賊聞督府已添募鄉兵漸爲之圖此勝算也生昨有千金一犒牛刀勝理之說一則赦各脅從俾立功贖罪名正也二則名之曰賊兵將仍受得敵之賞勸順也三則優給衣糧不必更募鄉兵事省也四則令原縛總甲保領前縛者怨后保者恩以恩釋怨善計也五則所赦之賊得總甲爲之收管不逸去復與殘黨合無虎兕出柙之憂圖艮也六有早賜施行之請恐饑而死者衆且遲則打點之弊生孤上恩也不識高明以爲何如潦草裁復

與陳海山親家

昨席中面奉德音云建生祠事寺屬通家又是年家即當
僉舉此親丈之厚旣又云生祠不當建別省謂我鄉邦委
靡無人非如吳自湖築外城禦災捍患合祀典者此則似
非親丈意必鄉邦諸老同見旣衆見攸同生安敢以寒家
荷起死回生之恩獨阿其間姑以昔事言之外城完役父
老欲爲自湖建祠委生疏請疏至李三洲所三洲復書曰
今日生祠明日生祠而東方報寇至者且萬餘予安忍爲
此生再以新城爲言三洲又書曰外城之建勞民財力毀
民房屋怨聲滿路議者紛紛予●又忍爲此生乃報書曰前
山老先生總衆說上地方十事以築外城爲第一義以廣

州者合省之根本外城者廣州之藩蔽無外城是無廣州也撫按因而舉事今曰議者紛紛是出爾反爾非所敢聞三洲不答士夫竟無一人出錙銖者且譁曰勉齋圖保薦起用以此阿吳公生乃誒自湖公復命以父老斂金請趙東臺主之時僅數十金耳后叛兵再至城外焚掠殆盡獨城內晏然衆乃稍錙輸完祠而城內居民亦淡然少助役者碑陰名姓可攷也今乃曰禦災捍患合祀典仍以阿所好而力不及者附數賢其間何其與初議相反也可與守成難與慮始在細民無足深怪但恨士夫亦隨俗低昂待人銜纊可慨嘆耳祀典曰能禦大災則祀之能捍大患則

祀之有功於民則祀之以勞定國則祀之文峯公所至有武功所在有生祠前溢東粤擒巨賊救平民既以憂去父老千餘哭送百里今甫下車又勦坊涌板銀百年之寇東西千里舟楫夜行可不謂有功有勞者哉陳我渡之祠爲按據城門納避兵之民也潘印川之祠爲禁革苛暴除鋪戶之苦也納避兵之民者孰若掃蕩氛埃無兵之可避除鋪戶之苦者孰若外戶不閉無苦之可除且自去年七月以來革繁征戢暴斂省里甲恤鋪行轅門行事方冊具在捺之印川未知孰勝然論人之大者殆不在是夫以印川釜庚小恩既曰可祠文峯大功乃曰不可祠此生之未曉

批文峯公致政矣不復命矣諸不望保薦者固無望而望保薦者亦絶望矣無嫌可避矣生是以喋喋請教意見倘同隨其分量如意見不同雖曾受文峯公酒席或十金或二三十金或求田問舍數百金者皆不敢冀其出分毫但當協議以明此老之功毋薄於報德是深願也潦草

處置珠池頑民上吳制府

聞盜珠頑民聚衆海洋赦之不悛招之不來且有需索米糧等事倘應之不中機宜將爲地方大患仰惟兵巡海道當事公祖必有定畫藿食者不當預其議然有杞人之愚心焉竊計之若許其需索之請是藉寇兵而齎盜糧損威

傷重非所以令衆庶見也若不許其請則盤詰海上何時
解散愚拙以爲當諭之曰單門久知各處凶荒欲行賑濟
已糴穀數萬石正爲饑民計非惜與爾又聞爾等海外飄
泊糧食缺乏有數日不舉烟火者有一日僅食粥二碗者
亦甚憐爾但未有聚衆爲梗而可賜爾糧者今行各縣預
備米穀但來歸者與爾父兄妻子前赴縣官人給一石先
諸請求可以寬恤爾等者一一准行如再遲違觀望定行
先下令瓊崖等處嚴禁接濟商船粒米不許往來下令雷
廉等處嚴禁接濟近海鄉村粒米搬運入城入堡不旬日
爾等皆餓死矣以粥食不充之夫與宿飽者戰知爾無能

爲爾等各宜早早悔禍庶幾頑民知我操勝算不敢跋扈也一面行各縣查有出海者若干備穀若干召各父兄使往諭之曰歸來給爾庶頑民知有生路必俯首聽命也一面行各縣各哨嚴拏接濟犯者梟首示衆一面行各縣各鄉濱海者移粟收堡以示必困之意庶頑民知無生路必俯首聽命也昔宋和西夏夏人索糧五萬朝廷報曰已備粟五萬在京師可來自取夏人得報曰中國有人此默奪之畧也凡用兵禦敵以斷糧道爲第一奇以堅壁清野爲主困之策今似宜急賜施行也昔陸遜之困關羽也令羽之軍士妻子寄信羽營報以安樂軍無鬭志羽遂躓聞今

各縣赦頑民之妻子得此意矣望更有以鼓舞之且各頑民多有富豪之家爲之出財爲之出船而收其利者其欲保身家尤有甚焉宜逐一訪問諭以利害開誠赦過使自招徠解散可一朝定也疎狂林下久矣綫結桑梓之慮又復妄發隱惡用中惟大智裁察

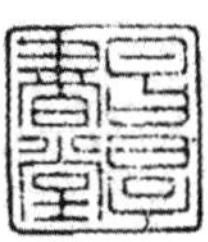